U0113651

中国古代大政治家的治国智慧

◎ 马平安 著

魏武挥鞭

统一北方与实行屯田

中国文史出版社

图书在版编目（CIP）数据

魏武挥鞭：统一北方与实行屯田 / 马平安著 . --
北京：中国文史出版社，2021.10
（中国古代大政治家的治国智慧）
ISBN 978-7-5205-3150-4

Ⅰ . ①魏… Ⅱ . ①马… Ⅲ . ①曹操（155-220）—生平事迹
Ⅳ . ① K827=342

中国版本图书馆 CIP 数据核字 (2021) 第 181843 号

责任编辑：窦忠如

出版发行：中国文史出版社
社　　址：北京市海淀区西八里庄路 69 号院　邮编：100142
电　　话：010-81136606　81136602　81136603（发行部）
传　　真：010-81136655
印　　装：廊坊市海涛印刷有限公司
经　　销：全国新华书店
开　　本：787×960　1/32
印　　张：7.75
字　　数：137 千字
版　　次：2022 年 9 月北京第 1 版
印　　次：2022 年 9 月第 1 次印刷
定　　价：44.00 元

作者简介

马平安，1964年生，河南卢氏人，历史学博士，中国社会科学院近代史研究所研究员、中国社会科学院大学教授。出版著作《晚清变局下的中央与地方关系》《近代东北移民研究》《北洋集团与晚清政局》《中国政治史大纲》《中国传统政治的基因》《中国近代政治得失》《走向大一统》《传统士人的家国天下》《黄帝文化与中华文明》《孔子之学与中国文化》等30余部，发表文章50余篇。

总　序　治理国家需要以史为鉴

　　世上任何事情的出现，都是一种因缘关系在起作用的结果。

　　这套即将问世的政治家与中国传统国家治理智慧的小丛书，即是本人对中国传统政治与文化多年学习与思考后水到渠成的一种自然的结果。

　　从宏观上来看，国家的治理是一项十分复杂的系统工程。但如果将这一复杂性和系统性作抽象的归类，其基本内容则主要只有两项，也就是《管子·版法解》中所说的"治之本二：一曰人，二曰事"。这其中，人才是关系国家兴衰的第一要素，所以《管子·牧民》篇又说："天下不患无臣，患无君以使之；天子不患无财，患无人以分之。"历史上，政治家对国家制度的探讨、官员的任用、民众的管理、财政的开发、外交的谋划、各种突发事件的应对及处理，等等，无不是对国家治理经验的丰富与积淀，而由这些内容所形成的政治文化，就成为中华民族文化中极其重要的组成部分。

中外古今大量历史经验表明，一个国家和民族的存在与发展，最根本的依赖是文化，以及由文化而产生出来的文化精神。民族的文化精神是一个国家和民族赖以生存和发展的支柱，是一个国家和民族的脊梁，代表着一个国家和民族的精气神。离开了文化和文化精神的支撑，该国家或民族的存在便无以为继。从周公到康熙皇帝，他们都是在中国乃至中华民族发展历史上作出了巨大贡献的杰出人物，他们缔造的政治制度、所展现的政治智慧，都成为中国文化精髓中的重要组成部分，对中华民族的传承与发展有着不可替代的支撑作用。

中国古人懂得总结历史经验教训的重要性，应该是从黄帝时代就开始了，但有明确文字记载的，则要从周人说起。

周人对历史经验的总结、回顾，从文王时代就已经有了明确的记载。《诗经·大雅·荡》篇引文王所说的"殷鉴不远，在夏后之世"，就是周文王针对殷纣王不借鉴也不重视夏后氏被商汤灭亡的教训所发出的叹惜。朱熹在其《诗集传》中说："殷鉴在夏，盖为文王叹纣之辞。然周鉴之在殷，亦可知矣。"文王一方面为殷纣王而叹惜，另一方面也以历史的经验教训作为周人的戒鉴。

殷商灭亡后，周武王、周公以及其他一些有为的周王和辅政大臣更是常常总结夏殷两代人的经验教训。这可以分成两个方面，一方面是对夏殷两代成功统治经验的总结以供学习、效法；另一方面是对夏殷两代执政者的罪过、错误和失败教训的总结以供戒惕。这种模式，可以说是开了中国人史鉴意识的先河。

　　周人思维的特征之一就是习惯以古观今，拿历史来借鉴、说明、指导现实以照亮未来前进的方向。周初统治者即是这种思维特征的代表人物。周公治理国家，不仅总结了夏殷两代失败的历史教训，而且还总结了夏殷先王成功的历史经验，并对这些经验予以高度的赞扬和汲取，从而开创了中国历史上的封建政治制度与建立了家国一体的文化意识。从《周易》《尚书》《诗经》《周礼》《仪礼》等若干先秦文献中，都可以看到周人具有的这种浓郁的史鉴意识。这种文化意识，深深地影响了中国人的文化与心理。

　　在现实生活中，我们在欣赏画作时，都知道每幅作品中藏着一个画魂，这个"魂魄"，往往代表了这幅画境界的高低与价值的大小。

　　以史观画，史学的作品，又何尝不是如此呢？

　　本丛书之"魂"，即是"传统国家治理的经验与教训"。这是一条古代政治家治理国家所汇集而成的波浪滔天、奔流不息的历史长河，在这条奔腾前行的河面上不时迸溅出交相辉映、绚丽夺目的朵朵浪花。

　　这也是一条关于中国古代治理智慧的珍珠玛瑙链，是对古代政治家治国理政智慧和务实政治原则的浓缩，是对古代统治者及关注政治与民生的政治思想家们勇猛精进所创造历史的经验教训的一种总结。

　　纵观中国古代治理史，夏、商、周三代，周公对国家的治理最具有代表性，他封邦建国，创建宗法制度、礼乐文化，以德治国，注重史鉴，对中国传统政治文化价值体系的形成和发展，有着独特的贡献。春秋时期，孔子对国家治理的思考与探索亦堪称典型。他把政治的实施过程看作是一个道德化的过程，十分强调执政者自己在政治实践中以身作则的表率作用，主张"礼治""德治""中庸"，十分强调统治者在治国理政中富民、使民、教民的重要性。战国时期，商鞅改革的成就史无前例。商鞅最重视国家的"公信力"，他主张用法治手段将国民全部集中于"农战"的轨道，"法""权""信"构成了他的治国三宝。在商鞅富国强兵政策的基础上，秦王嬴政实现了国家的统一。秦始皇所开创的中华帝制、郡县制，所拓展的疆域，进一步奠定了中华民族发展的基础。楚汉战争胜利后，刘邦建汉。作为一个务实且高瞻远瞩的政治家，他更具有史鉴意识，采用"拿来主义"，调和与扬弃周秦政治，他的伟大之处在于实行"秦果汉收"，兼采周公与秦始皇治国理政的长处，从而较好地解决了先秦中国政治遗产的继承和发展问题。汉武帝是继周公、孔子、秦始皇、汉高祖之后又一具有雄才大略的不世之主。他治国理政兼用王霸之道，在意识形态上采取文化专制主义，尊崇儒术，重视中央集权以及皇权的建设。三国两晋南北朝时期，因为分裂与战乱，这一时期鲜有在国家治理方面高水平的大政治家，其间尽管有曹操的挟天子以令诸侯、在北方开辟屯田；诸葛亮治理西蜀与西南地区，但皆无法与统一强大王朝的治理体系与能力相媲美。唐宋时代，唐太宗、宋太祖对国家的治理堪为后世示范。唐太宗的三省制衡机制、宋太祖对文官制度的重视与建设都很有特色。北宋后期有王安石变法，但这种努力以失败而告终，非但没有能够挽救北宋王朝，相反倒十足加剧了北宋的动荡与灭亡。明代中后期，统治者一直在寻找振兴之路，其中以张居正新政最具代表性。张居正治国理政所推行的考成法与一条鞭法，为后来治国者的治吏与增加财政收入提供了经验教训。清朝前期，康熙皇帝用理学治国，用各民族团结代替战国以来的"长城线"边防思维，今天中国五十六个民族、幅员辽阔的疆域领土、大国的自信，等等，都是那个时候奠定的。康乾盛世是中国古代五大盛世中成就最高的盛世，康熙皇帝治国理政的经验教训值得总结。

从历史上看，历代帝王圣贤皆重视治国理政、安民惠民，这是经济义理之学所以能成为中国传统文化核心特征的一大重要因素。

笔者以为，在追求学问之路上，大致可以分为四重境界来涵养：

第一重境界，专业之学。也可以称为职业之学，是人们讨生活、养家庭，生存于天地、社会间必具的一门专业学问。只要努力与坚持，人人可为，尽管会有程度高低不同。

第二重境界，为己之学。也可以说是兴趣之学、爱好之学、养基之学。对于这种学问，没有功利，不为虚名，只为爱好而为之。

第三重境界，立心之学。在尽可能走尽天下路、阅尽阁中书，充分汲取天地人文精华的基础上，立志尽己之能为人间留一点正能量的东西，哪怕是炳烛、萤火之光。

第四重境界，治国平天下之学。这种学问在实践上有诸多苛刻条件的限制，无职无位无权者很难走得更远；在理论上也需要有远大抱负、超凡脱俗之人来建树。做这种学问的目的，在于"为万世开太平"，为民族为国家之繁荣富强，为民众之安康福祉，生命不息，追求不已。

从格局上看，古人读书写作多非专职，由兴趣爱好适意为之，因为不是为了"衣食"，故以"为己"之学为多，其旨意亦多追求"立德立功立言"，在著作上讲究"经济义理考据辞章"。窃以为，古人眼中的"经济"，远不是今人所说的"经济"。"经"者，经邦治国；"济"者，济世安民也。经邦治国，济世安民才是古人心中的"经济"之学。"义理"是追求真理，为世人立心，替生民立命。"考据"重在材料在学术研究中的选择及运用。"辞章"则是重视文采的斑斓与华丽。对"经济""义理"的向往和追求是国人的动力，是第一位的。孔子曰："言而无文，行之不远。"此"文"说的就是"经济""义理"。"考据"需要勤奋、细心、谨慎、坚持就可以做到。"辞章"则往往与人的天赋与性格关系很大，千人千面，很多不是通过努力就能达到的。姚鼐在《述庵文钞·序》上说："余尝论学问之事，有三端焉，曰：义理也，考证也，文章也。"章学诚在《文史通义·说林》中说："义理存乎识，辞章存乎才，征实存乎学。"今天，如何学习与继承中国古人优良的著述传统，在生活实践中树立"修齐治平""家国天下""立德立功立言"三不朽意识，将"经济义理考据辞章"融会贯通，目前还有很多值得努力的地方。

从学术角度言，一部好的史学作品，离不开对史料的抉择与作者论述的到位。资料的充实、可靠，作品的立意高格、布局得体是形成一部好作品的必要条件，尤其是资料是否充实、可靠更是研究工作的基础。很明显，本丛书的立意布局都需要充实的资料来讲话。不幸的是，中国虽然是一个历史大国，然而扫去历史的尘埃，一旦进入相关领域认真搜寻探究，就会发现，史料的不足与缺乏成为制约史学作品完善与深入的瓶颈。从现有资料看，研究周公治国主要有《周易》《今古文尚书》《周礼》《仪礼》等；商鞅有《商君书》、出土的文物、《史记》等，孔子有五经、《论语》等；秦始皇有《史记》中的《秦始皇本纪》《秦本纪》，以及一些出土的秦简、文物等；汉高祖、汉武帝有《史记》《汉书》及汉人留下的一些著作；唐太宗有《贞观政要》《新唐书》《旧唐书》等；宋太祖有《宋史》《续资治通鉴长编》《续资治通鉴》等；王安石有《王安石全集》《宋史》《续资治通鉴长编》等；张居正有《张太岳集》《明史》《明实录》等；康熙皇帝有《康熙政要》《清史稿》《康熙起居注》《清实录》等，可作为参考。但说实话，这些资料仍然很不够，一句话，资料的缺乏与不足影响了本丛书认识与探索的空间，这也是美中不足、无何奈何的事情。

此外，史学作品要求一切根据资料讲话的特点，也决定了其风格只能是如绘画中的工笔或白描，而不能采用写意的手法，随意挥洒，这也影响了作品的表达形式。

本丛书是为人民大众服务的，首先，需要风格活泼、生动、有趣味，文字通俗、流畅、易懂、可读；其次，力求作品的学术性、严肃性与准确性。也许，只有在坚持学术性、严肃性与准确性的前提下，把学究式的文风变成人民大众喜闻乐见的文风，才能收到更广泛的社会效应。但我深知，很多地方还远远没有做到。"路漫漫其修远兮，吾将上下而求索。"大众学术一直是笔者努力的方向。

目前，中国正在进行伟大的变革，如何推进国家治理体系和治理能力现代化，这既是全面深化改革的热点，更是一个难点问题。在中国这样一个具有悠久历史和文化传统的国度里，我们必须遵循中华民族自身的发展规律，循序渐进地向前迈进。

习近平总书记指出："一个国家选择什么样的国家制度和国家治理体系，是由这个国家的历史文化、社会性质、经济发展水平决定的。"这提醒我们，中国的发展道路具有中国自身特色，实现中国国家治理现代化，离不开中国历史传承和文化传统，离不开中国经济社会发展水平，离不开中国人民自己的选择。

历史与文化是"民族的血脉，是人民的精神家园"，历史不能割断，实现中国国家治理现代化，需要中国"历史传承和文化传统"，源于"古"而成就于"今"，从中国古代的政治实践中汲取有益的营养，努力探寻传统文化的现代转化，为构建当今和谐社会提供借鉴，这是本丛书问世的目的所在。

希望这套小丛书能够多少帮助到对中国古代政治史感兴趣的人们！

作者 2020 年底于京城海淀

目　录

前　言　曹操三叹

一叹：惜蔡伯喈之早死

　　曹操不仅是一位政治家、军事家，也是东汉末年著名的文学家与诗人。他在戎马倥偬之际，并不废自己对文学艺术的兴趣爱好和追求。他喜欢交往的文人名士中，蔡伯喈明显地占有一席之地。

　　蔡邕（132—192），字伯喈，陈留圉（今河南杞县）人，是东汉末年文人的杰出代表，文史大家，因曾任左中郎将，世称"蔡中郎"，蔡邕博学多闻，通典籍，工于书法，精通琴学，不仅著有《琴赋》《琴操》等重要文献，也擅长演奏、制曲与斫琴，是曹操在文学艺术上的忘年交。

　　东汉末年，天下大乱，蔡邕因不小心得罪了当时专擅朝权的司徒王允，王允找个借口将他下狱杀害。据《后汉书·蔡邕传》记载：

及卓被诛，邕在司徒王允坐，殊不意言之而叹，有动于色。允勃然叱之曰："董卓国之大贼，几倾汉室。君为王臣，所宜同忿，而怀其私遇，以忘大节！今天诛有罪，而反相伤痛，岂不共为逆哉？"即收付廷尉治罪，邕陈辞谢，乞黥首刖足，继成汉史。士大夫多矜救之，不能得。太尉马日䃅驰往谓允曰："伯喈旷世逸才，多识汉事，当续成后史，为一代大典。且忠孝素著，而所坐无名，诛之无乃失人望乎？"允曰："昔武帝不杀司马迁，使作谤书，流于后世。方今国祚中衰，神器不固，不可令佞臣执笔在幼主左右。既无益圣德，复使吾党蒙其讪议。"日䃅退而告人曰："王公其不长世乎？善人，国之纪也；制作，国之典也。灭纪废典，其能久乎！"邕遂死狱中。允悔，欲止而不及。时年六十一。搢绅诸儒莫不流涕。北海郑玄闻而叹曰："汉世之事，谁与正之！"兖州、陈留间皆画像而颂焉。其撰集汉事，未见录以继后史。适作《灵纪》及十意，又补诸列传四十二篇，因李傕之乱，湮没多不存。所著诗、赋、碑、诔、铭、赞、连、珠、箴、吊、论议、《独断》、《劝学》、《释诲》、《叙乐》、《女训》、《篆势》、祝文、章表、书记，凡百四篇，传于世。

蔡邕有女名琰，字文姬。据《后汉书·列女传·董祀妻》记载：

陈留董祀妻者，同郡蔡邕之女也。名琰，字文姬。博学有才辩，又妙于音律。适河东卫仲道。夫亡无子，归宁于家。兴平中，天下丧乱，文姬为胡骑所获，没于南匈奴左贤王，在胡中十二年，生二子。曹操素与邕善，痛其无嗣，乃遣使者以金璧赎之，而重嫁于祀。

祀为屯田都尉，犯法当死，文姬诣曹操请之。时公卿名士及远方使驿坐者满堂，操谓宾客曰："蔡伯喈女在外，今为诸君见之。"及文姬进，蓬首徒行，叩头请罪，音辞清辩，旨甚酸哀，众皆为改容。操曰："诚实相矜，然文状已去，奈何？"文姬曰："明公厩马万匹，虎士成林，何惜疾足一骑，而不济垂死之命乎！"操感其言，乃追原祀罪。时且寒，赐以头巾履袜。操因问曰："闻夫人家先多坟籍，犹能忆识之不？"文姬曰："昔亡父赐书四千许卷，流离涂炭，罔有存者。今所诵忆，裁四百余篇耳。"操曰："今当使十吏就夫人写之。"文姬曰："妾闻男女之别，礼不亲授。乞给纸笔，真草唯命。"于是缮书送之，文无遗误。

从上面的史料中我们至少可以得到如下几条信息：

第一，"曹操素与邕善"，二人为文学上的知己好友。

第二，蔡邕被杀后，文姬被掳到匈奴，在匈奴生有二子，其父与曹操友善，在曹操稳定中原后，想起了老友蔡邕，知文姬在匈奴受罪，便将文姬赎了回来，嫁给董祀。从而留下了千古传诵"文姬归汉"的一段佳话。

第三，曹操是个执法如山的政治家，当董祀犯死罪、文姬为他求情时，曹操竟然顾念故人之女的幸福，特意赦免了董祀。这说明曹操是十分看重他与蔡邕的情谊的。

第四，曹操赎回文姬的其中一个原因是不想让蔡邕的遗作埋没，于是让文姬回忆记述下来，从而才有了蔡邕"所著诗、赋、碑、诔、铭、赞、连、珠、箴、吊、论议、《独断》、《劝学》、《释诲》、《叙乐》、《女训》、《篆势》、祝文、章表、书记，凡百四篇，传于世"的来历。

文姬归汉后，留有五言《悲愤诗》、骚体《悲愤诗》，以及其名作《胡笳十八拍》等，都是些自传性的作品，现存于《乐府诗集》中。

设想一下，如果蔡邕不死，他的四千多篇文章与续写的《汉史》就不至于湮没于世。设无曹操，便不可能有蔡文姬归汉，因而也不可能有蔡邕"凡百四篇"的传世，也不会有《悲愤诗》《胡笳十八拍》等这样在中国文学史上占有重要地位的作品问世。

消灭群雄割据、重新实现国家统一与重建社会秩序，这是曹操的政治使命。在日理万机之余，尚能记得以大量金钱珠宝赎归蔡文姬这件事，充分说明曹操除了政治家的身份外，为什么还会有一代帝王诗宗的称号！建安文学虽处于争战不已的乱世时代，却能欣欣向荣出现大批传世名作，这显然与曹操对文学的关怀有着重要的关系。从二千年帝制历史看，能做到这一点的也唯有曹操了。

由此可见，曹操一叹：叹文学之凋零也。

二叹：郭奉孝在，不使孤至此

曹操的政治理想就是实现国家统一。

重建制度、秩序是他始终坚持不懈的事业。

公元 208 年，曹操挟刚统一北方之威，南下占领荆州，大军直逼长江北岸，企图一举消灭刘备，逼降孙权，从而完成统一大业。然孙刘联手抗曹，用火攻计在赤壁大败曹军。曹操在慌忙逃跑之中，想到这次惨败，不禁怀念起屡建奇策的郭嘉来。他感叹地说："如果郭奉孝还在，是不会使我落到这样一个地步的！"然后又悲痛地喊道："哀哉奉孝！痛哉奉孝！惜哉奉孝！"

郭奉孝是谁？

为何曹操在最困难的时刻会这样对他如此念念不忘？原来，郭奉孝就是郭嘉，是曹操的重要谋士之一。《三国志·郭嘉传》说：

> 郭嘉字奉孝，颍川阳翟人也。初，北见袁绍，谓绍谋臣辛评、郭图曰："夫智者审于量主，故百举百全而功名可立也。袁公徒欲效周公之下士，而未知用人之机。多端寡要，好谋无决，欲与共济天下大难，定霸王之业，难矣！于是遂去之。先是时，颍川戏志才，筹画士也，太祖甚器之。早卒。太祖与荀彧书曰："自志才亡后，莫可与计事者。汝、颍川固多奇士，谁可以继之？"彧荐嘉。召见，论天下事，

太祖曰："使孤成大业者，必此人也。"嘉出，亦喜曰："真吾主也。"表为司空军祭酒。

太祖将征袁尚及三郡乌丸，诸下多惧刘表使刘备袭许以讨太祖，嘉曰："公虽威震天下，胡恃其远，必不设备。因其无备，卒然击之，可破灭也。且袁绍有恩于民夷，而尚兄弟生存。今四州之民，徒以威附，德施未加，舍而南征，尚因乌丸之资，招其死主之臣，胡人一动，民夷俱应，以生蹋顿之心，成觊觎之计，恐青、冀非己之有也。表，坐谈客耳，自知才不足以御备，重任之则恐不能制，轻任之则备不为用，虽虚国远征，公无忧矣。"太祖遂行。至易，嘉言曰："兵贵神速。今千里袭人，辎重多，难以趣利，且彼闻之，必为备；不如留辎重，轻兵兼道以出，掩其不意。"太祖乃密出卢龙塞，直指单于庭。虏卒闻太祖至，惶怖合战。大破之，斩蹋顿及名王已下。尚及兄熙走辽东。

后太祖征荆州还，于巴丘遇疾疫，烧船，叹曰："郭奉孝在，不使孤至此。"①

从上述材料看，郭嘉是一位格局高远、腹有良谋、奇策频出、每算必准的不可多得的一位谋士。他对曹操的意义很大，在征吕布、败袁绍、远袭乌桓，统一北方等方面都为曹操筹划出了正确的策略。真可谓一人兴邦，一人丧邦。可惜郭嘉

---

① （晋）陈寿撰：《三国志·魏书·郭嘉传》，中华书局1987年版，第432—435页。

早死，没有赶得上曹操南下企图灭刘备、降孙权，统一中国的军事行动，结果失去了郭嘉的曹操不幸惨败于赤壁。统一国家终成残梦。对此，曹操的"郭奉孝在，不使孤至此"的叹息就不是一句简单随意的叹息，而是发之肺腑，是对老天不公、自己事业不成的撕心裂肺的呐喊。这个呐喊让后世多少英雄闻之泪喷，使这个叹息终成了后世有为者的"千古之叹"。

曹操二叹：叹能辅佐自己成就统一大业人才之缺乏也。

三叹：生子当如孙仲谋

在中国历代帝王中，曹操重视对人才的延揽是出了名的。

"唯才是举"，就是他提出来的。

赤壁之战失败后，曹操并没有放弃统一国家的决心。在关中解决了马超、韩遂割据势力之后，曹操似乎又找回了赤壁之战前的感觉，便准备南下攻打孙权，一雪昔日赤壁之耻。

经过数年的积累，尤其是关中之战的洗礼，曹操这一次南下，显然汲取了赤壁之战主攻方向错位、对孙权作战的准备不足和作战时机选择不当、不熟悉地理环境等教训，目标十分明确，就是用武力迫使孙权妥协。

除了这些，这次曹操还准备把打败马超、韩遂的成功经验复制到攻打孙权上面，那就是采用离间计。当然，东吴不是关中，孙权也不是马超，此计能否成功，尚未可知。

战前，曹操曾给孙权写信，希望孙权"内取子布，外击刘备"，来恢复彼此的友好关系。原文如下：

> 离绝以来，于今三年，无一日而忘前好。亦犹姻媾之义，恩情已深；违异之恨，中间尚浅也。孤怀此心，君岂同哉……若能内取子布，外击刘备，以效赤心，用复前好，则江表之任，长以相付，高位重爵，坦然可观。上令圣朝无东顾之劳，下令百姓保安全之福，君享其荣，孤受其利，岂不决哉！若忽至诚，以处侥幸，婉彼二人，不忍加罪，所谓小人之仁，大仁之贼，大雅之人，不肯为此也。若怜子布，愿言俱存，亦能倾心去恨，顺君之情，更与从事，取其后善，但擒刘备，亦足为效。①

曹操告诉孙权，只要你能在内政上听取张昭的投降策略，对外攻打刘备，江东这块地方就永远归你管辖，朝廷还要给你加官进爵，如果你不愿听取张昭投降的建议，单单攻打拿下刘备也可以。

很显然，曹操文笔历来简单明了，直透人心，从不啰嗦。这封信是阮瑀捉刀代笔的，只是在落款上署的是曹操的名字，盖的是汉丞相的宝印，于是就成了曹操的作品。

可以看出，这是一封以会谈为名义的离间信，一是离间

---

① （三国）阮瑀：《为曹公作书与孙权》，曹操著：《曹操集》，中华书局 1975 年版，第 71 页。

孙权和张昭；二是离间孙权和刘备。此招实在高明。这封信的点睛之处就是开头的"内取子布，外击刘备"，也是双方和谈的条件。

有人将"内取子布，外击刘备"的"取"解释为"杀"，就是曹操要求孙权杀死张昭，这可能吗？别忘了，曹操写信表面上是为了和谈，实际上则是为了离间，既然是离间就不可能表面上有杀机，尤其是在孙权和张昭之间。张昭主张投降曹操，而孙权主张抵抗，君臣二人在策略上有冲突，所以曹操在这方面做文章。曹操在信里称张昭的字"子布"，在古代，称呼别人的字是一种尊称。对一个自己想杀掉的人他会用尊称吗？而对刘备就没有那么客气啦，曹操直接"外击刘备"而不是"外击玄德"。

曹操高明即在于此，他明知道孙权不会投降，偏偏拉上有投降嫌疑的张昭做垫背，好像他和张昭早已密谋好了，只等孙权拍板了。曹操告诉孙权，要是不能接受张昭的投降建议，请你善待并允许张昭保留自己的意见，这样你们上下才能和谐相处，张昭也能顺着你的意思，为你做更多的事情。

这封信没能离间孙权和刘备的关系，但在张昭问题上，孙权的心里却留下了阴影，从此以后，孙权对张昭有所芥蒂。

孙权显然比马超、韩遂等人高明，没有中曹操的离间之计，而是积极做好了和曹操决战的准备。为了迎战曹操，孙权做了两件重要的事情：

第一，迁移政治中心。为了便于和曹操战争，孙权把政治中心迁到了建业（今江苏南京）；第二，在濡须口修建防御工事。

在这种情况下，建安十七年（公元 212 年）十月，曹操亲自率军南征。建安十八年（公元 213 年）挺进濡须口，进而攻破孙权设在江北的营寨，生擒孙权将领公孙阳。

尽管曹操这次东征比赤壁之战准备得更加充分，但孙权的准备同样也很充分。公孙阳被擒以后，孙权亲自带领七万人迎战曹操。战争从一开始就是胶着状态，而且曹操还稍微处于下风。最后曹操只好在他的水军军寨里面坚守不出，孙权多次挑战无果。

孙权看到曹操坚守不出，决定亲自乘船去观看曹操军营，而且乘坐的是轻船，从濡须口进入曹操的弓弩射程范围。一看孙权来了，曹操手下的将领都认为是前来挑战的，要去攻打，曹操制止他们说："此必孙权欲身见吾军部伍也。"就是说，孙权想亲自看看我军的虚实。他命令军中严阵以待，但弓弩不得妄发。

孙权就这样优哉游哉地行进了五六里，更为猖狂的是，返回时为了向曹操炫耀，孙权命令士兵演奏鼓乐，凯旋而归。表面上，孙权取得了胜利，实际上，是曹操没有和他一般见识，如果曹操真的万箭齐发，后果将会怎样呢？

这就是曹操，爱才惜才。因为在他看来，让孙权降服才是上上策，因为当时江南设无孙权坐镇弹压，其他割据势力就会纷纷蜂起，从治理国家的角度看，这是不智慧的。因此，当看到孙权舟船器仗军伍整肃，连见过大世面的曹操都怅然叹曰："生子当如孙仲谋，刘景升儿子若豚犬耳！"孙权这孩子干得确实不错，养儿子就应该养孙权这样的，而刘表的儿子真是有点猪狗不如啊。

史载，在相持一段时间后，孙权给曹操写了一封信，信中说："春水方生，公宜速去。"收到信后，曹操很是不爽，给孙权回信："足下不死，孤不得安。"生气归生气，曹操还是认为孙权说的有道理，于是告诉手下诸将："孙权不欺孤。"①于是，曹操从濡须口撤军。

曹操对人才向来真诚，而且是有一说一，佩服就是佩服，欣赏就是欣赏，从来不遮遮掩掩，一看孙权干得不错，就油然随口道出了一句："生子当如孙仲谋，刘景升儿子若豚犬耳。"曹操的这个叹息，并非是否定自己的儿子。事实上，曹操诸子文武双全者比比皆是。文章能传世的如曹植、曹丕。武能定国的如曹昂、曹彰。具有管理才能的如曹丕等。"山不厌高，海不厌深，周公吐哺，天下归心"之句，表达了曹操对人才的渴望以及建立统一国家的愿望。他多么想降服孙权，从而让江南实行统一呢？可这也只能是一种梦想。于是，"生子当如孙仲谋，刘景升儿子若豚犬耳"亦遂成为千古之叹。

曹操三叹：为他身后事业前景所忧患叹息也。

---

① （晋）陈寿撰：《三国志·吴书·孙权传》，第119页。

言为心声。

曹操三叹，是一个大政治家忧患意识的生动显露，是他对"人力有时穷"发出的无奈呐喊。正是这千古三叹，让曹操进入了人类历史上千古大政治家的行列。

第一章　挟天子以令诸侯

　　建安元年（公元196年）九月，曹操迎汉献帝迁都许县，使汉献帝摆脱了其他军事力量的控制，而完全置于自己的掌控之中，从此得以"挟天子以令诸侯"，取得了极大的政治优势，这对此后逐步消灭北方割据势力，加强中央集权，加速国家的统一进程，起到了很大的促进作用。

一、董卓乱政

在以农业为主体经济形式的古代中国，长期形成了安居本土而不轻易迁徙的文化传统，因而有所谓"安土重迁，黎民之性"①"安土重居，谓之众庶"②的种种说法。不过，由于天灾人祸，历史上经常发生民众离开土地成为大规模流徙的流民。严重的流民问题往往导致对于政治结构的强烈冲击，由于与其他历史因素的交互作用，流民运动又时常成为社会大动荡的先声。

因战乱而发生的流民问题，曾经造成比较严重的社会影响。然而对社会产生更为剧烈震撼的，其实往往是非战乱因素引起的流民运动。东汉晚期，国家治理的失败以及严重的自然灾害，导致大批流民离开家园往异乡漂泊。

汉顺帝永建六年（公元 131 年），因连年水灾，百姓多有弃业，流亡不绝，以及永和四年（公元 139 年）太原郡（郡治在今山西太原西南）发生严重旱灾，"民庶流冗"③，都是类似的史实。

汉桓帝永兴元年（公元 153 年），又一次发生由严重自然灾害引起的流民运动。当时，东汉帝国的三十二郡国都先

---

① （汉）班固著：《汉书·元帝纪》，卷 9，中华书局 1962 年版，第 292 页。
② （宋）范晔撰：《后汉书·杨终传》，卷 48，中华书局 2003 年版，第 1598 页。
③ （宋）范晔撰：《后汉书·顺帝纪》，卷 6，第 269 页。

后遭受蝗灾，黄河决口，民众饥穷，流落四方，多至数十万户，百姓饥馑，流移道路。

汉灵帝时，幽、冀地区因民众大量外流求生，留居原地的只有十分之三四，造成郡县空虚、万里萧条的严重危机。

流民的冲击，又使得受纳流民地区的经济与社会形势也受到严重的破坏。终于在汉灵帝光和七年（公元184年），爆发了以流民为主体的黄巾大起义。这次农民反政府运动由张角所领导与发起，其口号是"苍天已死，黄天当立，岁在甲子，天下大吉"[①]。在镇压这次民间反政府运动中，豪强地主与地方军事力量乘间而起，纷纷割据一方，形成尾大不掉之势，东汉王朝的统治秩序也因此而分崩离析。

中平五年（公元188年）八月，汉灵帝在洛阳西园成立军部八校尉，以宦官小黄门蹇硕为上军校尉，虎贲中郎将袁绍为中军校尉，屯骑校尉鲍鸿为下军校尉，议郎曹操为典军校尉，赵融为助军左校尉，冯芳为助军右校尉，谏议大夫夏牟为左校尉，淳于琼为右校尉，皆统于蹇硕。自黄巾起事，灵帝留心戎事，亲信蹇硕壮健有武略，因此被委以元帅，督司隶校尉以下，虽大将军何进也要受其统领。蹇硕总领中外最高军权，暗中还负有灵帝托孤的重大使命，"初，何皇后生皇子辩，王贵人生皇子协。群臣请立太子，帝以辩轻佻无威仪，不可为人主。然皇后有宠，且进又居重权，故久不决。

---

① （宋）范晔撰：《后汉书·皇甫嵩传》，卷71，第2299页。。

中平六年（公元 189 年），帝疾笃，属协于蹇硕。硕既受遗诏，且素轻忌于进兄弟，及帝崩，硕时在内，欲先诛进而立协。"①灵帝没有确定储君，嫡皇子辩以例当立，而灵帝又托刘协于内宫，这样，外戚与宦官之间的冲突不可避免。

中平六年（公元 189 年）四月，灵帝年去世，皇子辩即皇帝位，是为少帝，年十七，尊皇后曰皇太后，太后临朝。大赦天下，改元光熹，封皇弟刘协为渤海王。后将军袁隗为太傅，与大将军何进参录尚书事。何进任袁绍为司隶校尉，其弟袁术为虎贲中郎将，又征何颙、荀攸及河南郑泰，以为智谋之士。逮捕上军校尉蹇硕下狱死。五月，灵帝舅骠骑将军董重下狱死，六月，灵帝母董太后崩。葬灵帝于文陵。七月，徙渤海王刘协为陈留王。

蹇硕被诛一事表明，宦官集团并不想与官僚集团彻底决裂。但以袁绍、曹操为首的官僚集团则决心推动何进彻底消灭宦官集团。

八月，袁绍劝何进及时诛灭宦官，以免窦武受害之祸。何进请太后尽罢中常侍，以三署郎补其处，太后碍于礼防，又以家本南阳屠家，居皇后位时宦官有拥护之功，没有答应何进的要求。何进无断，袁绍画策多召四方猛将豪杰，引兵向京城以胁太后，何进乃召并州牧董卓。宦官张让、段珪先发制人，矫诏召何进入宫而杀之。袁绍、袁术勒兵入宫，尽

---

① （宋）范晔撰：《后汉书·何进传》，卷 69，第 2247 页。

杀宦官两千余人，宫中一空，少帝与陈留王出走。同月，董卓兵团入京独霸朝政，东汉政局至此彻底崩坏。

九月，董卓在洛阳恃武力为后盾，以太后诏废少帝为弘农王，扶立陈留王协，是为汉献帝，年九岁，改元永汉。迁太后于永安宫，不日鸩杀。次年，又杀弘农王。董卓以一地方官废立皇帝，这在东汉史上为首次，一时朝野震动。

原来，在东汉末年，出身军人、性粗猛而有谋断的董卓在汉灵帝病危时被拜为并州牧。他驻屯河东（郡治在今山西夏县西北），拥兵自重。汉灵帝死后，大将军何进和司隶校尉袁绍合谋诛除宦官集团，私召董卓进京，以为军事依靠，压制反对势力。后来计划泄露，宦官杀何进兄弟，袁绍勒兵入宫欲讨宦官，宦官张让等劫持少帝和陈留王出逃。董卓闻讯引兵驰抵洛阳，领有何进部曲，加上禁军支持，势力更盛。于是京都兵权都把握在董卓手中。他废少帝为弘农王，立汉陈留王为天子后，挟天子号令天下。董卓专权，开了历史上军阀依恃武装力量控制朝政的先例。

董卓出身于西北多战之地，以军功晋升，原本在朝中缺乏政治力量的支持，因而他只能用高压手段宰制朝臣，以严酷刑罚控制属下，于是朝中官僚侧目，东方实力派军事首领和地方豪强纷纷举兵讨伐董卓。董卓看到无法控制天下，于是在初平元年（公元190年）二月，徙天子都长安，挟持汉献帝西行。迁都长安后，董卓据有太师之位，号为"尚父"，宗族内外并列朝廷；又筑郿坞，高与长安城相等，号"万岁坞"，积谷可以支用三十年，自称事成可以雄踞天下，不成，守此足以备老。

初平三年（公元 192 年）四月，司徒王允与吕布等合谋诛董卓，接下来董卓部将李傕、郭汜据有关中。汉献帝君臣被迫流亡东窜。

至建安元年（公元 196 年），汉献帝辗转返回洛阳时，军阀割据局面已经彻底形成：袁绍占据冀、青、并三州，曹操占据兖、豫二州，公孙瓒占据幽州，陶谦占据徐州，袁术占据扬州，刘表占据荆州，刘焉占据益州，孙策占据江东，韩遂、马腾占据凉州，公孙度占据辽东，而刘备立足未稳，依违于各割据势力之间。其混战格局具体表现为：

（1）董卓及其部将李傕、郭汜据有关中（今陕西中部）。

（2）公孙度据有辽东（今辽宁东部）。

（3）公孙瓒、刘虞据有幽州（今河北北部及辽宁西部）。

（4）袁绍据有冀州、青州和并州（今河北大部、山西大部、山东大部）。

（5）曹操据有兖州（今山东西部、河南东北部）。

（6）袁术据有南阳（今河南南阳），后据有扬州（今江苏南部）。

（7）陶谦、刘备、吕布先后据有徐州（今江苏北部、山东东南部）。

（8）孙策据有江东（今江苏南部、江西北部、安徽南部）。

（9）刘表据有荆州（今湖北、湖南）。

（10）刘焉据有益州（今四川、贵州及云南北部）。

（11）马腾、韩遂据有凉州（今甘肃）。

（12）张鲁据有汉中（今陕西南部）[①]。

这些军阀集团为了自身的利益，或相互勾结，或相互争斗，东汉王朝彻底进入了一个武人干政，皇权微弱的局面。

就在建安元年（公元 196 年）九月，曹操迎汉献帝迁都许县（今河南许昌），取得了"奉天子以令不臣"的政治地位。

二、迎帝都许

当曹操收编青州兵，继而以兖州为基地破袁术、征陶谦、战吕布之时，在长安的中央官僚集团与董卓集团的斗争也进入了白热化的程度。

初平三年（公元 192 年）四月，司徒王允与吕布合作杀死董卓。董卓被诛后，司徒王允录尚书事，吕布为奋威将军，假节，封温侯，共秉朝政。

王允其人，初惧董卓，折节事之，既灭董卓，自认为不会再有患难，居功自傲，"及在际会，每乏温润之色，杖正持重，不循权宜之计"[②]，做了不少不得人心的事情。如学冠当

---

① 参见林剑鸣著：《秦汉史》，上海人民出版社 2003 年版，第 960—961 页。
② （宋）范晔撰：《后汉书·王允传》，卷 66，第 2176 页。

时的左中郎将蔡邕只是听到董卓被杀的消息惊叹了一声，就被王允收死狱中。尤其是此人不善谋略，眼光短浅，缺乏应变能力，处事犹豫不决。他本想赦免董卓部曲，忽而又变了卦，不给董卓属军以出路。董卓部将李傕、郭汜等无所依，派人到长安求赦，却遭到王允断然拒绝。傕、汜求赦无望，于是孤注一掷，酿成了更大的祸乱。

六月，李傕、郭汜攻入长安，杀王允，击吕布，吏民死者万余人。吕布战败，率兵逃出长安，先投袁术，后投袁绍，继而被张邈等迎为兖州牧。

董卓刚死时，长安三辅之民还有数十万户，李傕等放兵劫掠，加以饥馑，两年间民相食，人烟更少了。史载："是时谷一斛五十万，豆麦二十万，人相食啖，白骨盈积，残骸余肉，臭秽道路。"①

不久，李傕、郭汜互相猜疑，起了内讧，一人劫天子，一人质公卿。二人相攻数月，死者以万数，搞得长安城乌烟瘴气。

兴平二年（公元 195 年）元月，原董卓部将张济说服李傕、郭汜和解，并想迁皇帝至弘农（今河南灵宝北）。汉献帝也想念旧京洛阳，遣使对李傕、郭汜接连宣谕十次，他们才各以女儿为质而和解。秋七月，汉献帝车驾出长安，在后将军杨定、兴义将军杨奉、安集将军董承护卫下，历经数月，

---

① （唐）房玄龄等撰：《晋书·食货志》，卷 26，中华书局 1974 年版，第 782 页。

终于挣脱李傕、郭汜的追击，渡过黄河，于十二月乙亥，到达安邑（今山西夏县西北）。

建安元年（公元 196 年）五月，杨奉、韩暹等奉帝东还，六月到闻喜，七月还洛阳，住故中常侍赵忠宅。汉献帝东还，河内太守张杨以粮迎于道路。八月，以张杨为大司马、杨奉为车骑将军、韩暹为大将军领司隶校尉。

这时的洛阳，因为宫室已被烧尽，百官无地方可住，只得"披荆棘，依墙壁间"，"州郡各拥强兵，而委输不至，群僚饥乏，尚书郎以下自出采稆，或饥死墙壁间，或为兵士所杀"①。

其时，军阀混战，天下大乱，一时之间谁也吃不掉谁，愚者自做"皇帝梦"，智者谋迎天子，以便举起天子的大旗讨伐不服。所谓愚者就是袁绍、袁术、吕布者流。当时袁绍的谋士沮授看得很清楚。沮授对袁绍说："将军累叶台辅，世济忠义。今朝廷播越，宗庙残毁，观诸州郡，虽外托义兵，内实相图，未有忧存社稷恤人之意。且今州城粗定，兵强士附，西迎大驾，即宫邺都，挟天子而令诸侯，蓄士马以讨不庭，谁能御之？"袁绍听了沮授的话，有点犹豫。另两个谋士郭图、淳于琼不同意沮授的主张，说："汉室凌迟，为日久矣，今欲兴之，不亦难乎？且英雄并起，各据州郡，连徒聚众，动有万计，所谓秦失其鹿，先得者王。今迎天子，动辄表闻，从之则权轻，违之则拒命，非计之善者也。"沮授又说："今迎朝

---

①　（宋）范晔撰：《后汉书·献帝纪》，卷 9，第 379 页。

廷，于义为得，于时为宜。若不早定，必有先之者焉。夫权不失几，功不厌速，愿其图之。"①沮授的话说得很透彻，讲明了"挟天子而令诸侯"的重大作用，指出了如果再迟疑，必有抢先者。但袁绍听不进去，因为他想当皇帝。至于袁术，那就更是鬼迷心窍，看不到这一步。曹操集团则完全不同，认识到汉天子这面旗子仍有号召力，谁把它举起来，谁就能提高自己的权威，占有主动权，就能以天子之名行己之欲，产生意想不到的威势和力量。因此，他占有兖州之后，除了以武力争衡天下外，一直在考虑谋迎天子的问题。

史载，曹操刚刚自领兖州牧，他自己任命的治中从事毛玠即对曹操说："今天下分崩，国主迁移，生民废业，饥馑流亡，公家无经岁之储，百姓无安固之志，难以持久。"又说："夫兵义者胜，守位以财，宜奉天子以令不臣，修耕植，畜军资，如此则霸王之业可成也。"②这些话正合曹操之意。于是立即使从事王必到河内太守张杨处"借路"西去长安。张杨不听。当时正好袁绍任命的魏郡太守董昭因得不到袁绍的信任而刚离开袁绍，意欲经河内去长安，为张杨所留，董昭因说张杨："袁、曹虽为一家，势不久群。曹今虽弱，然实天下之英雄也，当故结之。况今有缘，宜通其上事，并表荐之；若事有成，永为深分。"③当时，曹操尚倚持于袁绍，而

①　（宋）范晔撰：《后汉书·袁绍传》，卷74，第2383页。
②　（晋）陈寿撰：《三国志·魏书·毛玠传》，卷12，第375页。
③　（晋）陈寿撰：《三国志·魏书·董昭传》，卷14，第437页。

董昭竟然能看出将来成功者是曹操而不是袁绍，亦可谓善断大事而识人者。经董昭一点，张杨豁然明白，于是准许曹操的使者经过他的地盘而到长安上事，并表荐曹操。同时，董昭还以曹操的名义写信给长安诸将李傕、郭汜等，并且到处打点送礼。

曹操的使者到了长安，李傕、郭汜等以为关东军阀都想自立为天子，现在曹操虽有使者，但也不一定诚实，准备把使者扣留，以示拒绝。黄门侍郎钟繇劝傕、汜说："方今英雄并起，各矫命专制，唯曹兖州乃心王室，而逆其忠款，非所以副将来之望也。"[①]李傕、郭汜听从了钟繇的意见，对操"厚加答报"。自此开始曹操便有使者通皇帝。

所谓"厚加答报"，其中最主要的是指兴平二年（公元195 年）十月承认了曹操自领兖川牧的合法性，汉献帝"拜操为兖州牧"。曹操得到拜授之命，立即写了一份《领兖州牧表》给献帝：

> 入司兵校，出总符任。臣以累叶受恩，膺荷洪施，不敢顾命。是以将戈帅甲，顺天行诛，虽戮夷覆亡不暇。臣愧以兴隆之秩，功无所执，以伪假实，条不胜华，窃感讥请，盖以惟谷。[②]

---

① （晋）陈寿撰：《三国志·魏书·钟繇传》，卷13，第391 页。
② （三国）曹操著：《曹操集》，第14 页。

　　此表虽然文字不多，却充分表达了曹操的三层意思：第一，说自己不忘皇恩，忠于汉室之心不变，以至不敢顾惜性命；第二，说自己将戈帅甲，征伐不暇，都是顺天行诛，是符合汉天子意愿的；第三，说自己愧对皇帝的恩封，深感功、秩不相称，怕别人讥笑，有点进退两难。这样的表章，既接受了授命，又出言得体，理所当然地得到朝廷的赞赏。

　　建安元年（公元 196 年）秋八月，曹操在许（治今河南许昌东），谋迎天子，部属中的许多人觉得条件不具备，认为山东（亦称关东，泛指崤山、华山以东）未定，韩暹、杨奉居功自傲，暴戾恣睢，很难控制。荀彧力排众议，劝曹操说："昔（晋文纳周襄王而诸侯景从），高祖东伐为义帝缟素而天下归心。自天子播越，将军首唱义兵，徒以山东扰乱，未能远赴关右，然犹分遣将帅，蒙险通使，虽御难于外，乃心无不在王室，是将军匡天下之素志也。今车驾旋轸，东京榛芜，义士有存本之思，百姓感旧而增哀。诚因此时，奉主上以从民望，大顺也；秉至公以服雄杰，大略也；扶弘义以致英俊，大德也。天下虽有逆节，必不能为累，明矣。韩暹、杨奉其敢为害！若不时定，四方生心，后虽虑之，无及。"①这里，荀彧以史为鉴，讲述了迎纳汉天子的好处，也指出了迎纳天子的紧迫性。曹操接受了荀彧的意见，立即派遣扬武

---

①　（晋）陈寿撰：《三国志·魏书·荀彧传》，卷 10，第 310 页。

中郎将曹洪率兵西迎天子，但"卫将军董承与袁术将苌奴据险，洪不得进"[1]。此时，董昭已在天子身边，诏拜议郎。他又一次帮了曹操的忙。董昭考虑到杨奉兵马虽强，但比较孤立，便于笼络，所以再次以曹操的名义作书。这封以曹操名义发给杨奉的信中说："吾（操）与将军闻名慕义，便推赤心。今将军拔万乘之艰难，反之旧都，翼佐之功，超世无畴，何其休哉！方今群凶猾夏，四海未宁，神器至重，事在维辅；必须众贤以清王轨，诚非一人所能独建。心腹四支，实相恃赖，一物不备，则有阙焉。将军（指杨奉）当为内主，吾为外援。今吾有粮，将军有兵，有无相通，足以相济，死生契阔，相与共之。"董昭这封捉刀代笔信，颇具曹操风采，先把杨奉吹了一通，然后表示诚心联合，死生与共。据说，杨奉收到信后很高兴，对诸将说："兖州诸军近在许耳，有兵有粮，国家所当依仰也。"[2]于是表荐曹操为镇东将军，袭爵费亭侯。

曹操得封以后，内怀潜喜，外诈谦抑，连上三表。三让而后就。头一份表章，后人称为《又上书让封》：

> 臣诛除暴逆，克定二州，四方来贡，以为臣之功。萧相国以关中之劳，一门受封；邓禹以河北之勤，连城食邑。考功效实，非臣之勋。臣祖父中常侍侯，时但从辇，扶翼

① （晋）陈寿撰：《三国志·魏书·武帝纪》，卷1，第13页。
② （晋）陈寿撰：《三国志·魏书·董昭传》，卷14，第437页。

左右，既非首谋，又不奋戟，并受爵封，暨臣三叶。臣闻
《易·豫卦》曰："利建侯行师。"有功乃当进立以为诸侯
也。又《讼卦》六三曰："食旧德，或从王事。"谓先祖有大
德，若从王事有功者，子孙乃得食其禄也。伏惟陛下垂乾
坤之仁，降云雨之润，远录先臣扶掖之节，采臣在戎犬马之
用，优策褒崇，光耀显量，非臣尪顽所能克堪。①

曹操毫不客气地表述了自己的"诛逆"之功和祖父中常
侍曹腾的勋绩，并推及"先祖有大德，若从王事有功者，子
孙乃得食其禄也"。这就是说，自己受封袭爵是应该的，是在
情理之中的。但他忽而笔锋一转，言不由衷地说对于皇帝的
"优策褒崇"，不是如自己之愚弱无能所担当得起的。

汉献帝收到曹操的"让封"表后，又下了第二次"策
命"，复述前意。曹操"读前后策命"之后，又上《上书让费
亭侯》，文虽有异，意则略同，最后依然归结为："臣自三省，
先臣虽有扶辇微劳，不应受爵，岂逮臣三叶；若录臣关东微
功，皆祖宗之灵佑，陛下之圣德，岂臣愚陋，何能克堪。"②

随后，曹操得到第三次"策命"，于是遂上《谢袭费亭
侯表》，接受了皇帝的恩封，其中有云："比荷殊宠，策命褒
绩，未盈一时，三命交至。双金重紫，显以方任，虽不识义，

庶知所尤。"①"未盈一时，三命交至"，可见三让而就是在一个不长的时间里完成的。

曹操每有晋迁，辄三让之，即使后来大权独握"自封"自己，也不忘三让的程式。他运用这种程式的目的不在"让"，而是要通过它把自己的功劳摆出来，记录在案；所以，意不在谦逊，而在服众，在表无愧于受封。

正当曹操积极谋划进驻洛阳以迎天子的时候，时局发生了戏剧性变化。本来是董承凭险拒操，但这时曹操突然收到董承"潜召"。史载，韩暹矜功专恣，董承患之，于是"潜召"操，操乃引兵进驻洛阳；进了洛阳，曹操当机立断，趁其他兵众大多在外之机，"因奏韩暹、张杨之罪，暹惧诛，单骑奔杨奉"②。这时，张杨、杨奉之兵均在外，韩暹又跑了，曹操于是便控制了汉政权。

这样，从汉献帝七月甲子到洛阳，八月癸卯封张杨为大司马，韩暹为大将军，杨奉为骑将军，到辛亥曹操自领司隶校尉，录尚书事。前后不到五十天，汉天子便落到了曹操的控制之中。

曹操一旦大权在握，为了树立自己的政治权威，立即做了三件事：第一，杀了侍中台崇、尚书冯硕等三人，谓"讨有罪也"；第二，封卫将军董承为辅国将军、伏完等十三人为列

---

① （三国）曹操著：《曹操集》，第15页。
② （宋）范晔撰：《后汉书·董卓传》，卷72，第2342页。

侯，谓"赏有功也"；第三，追赠射声校尉沮儁为弘农太守，谓"矜死节也"。与此同时，曹操在考虑当时有没有条件把皇帝移出洛阳，一时拿不定主意。他让董昭坐到自己身旁，问曰："今孤来此，当施何计？"董昭回答说："将军兴义兵以诛暴乱，入朝天子，辅翼王室，此五伯之功也。此下诸将，人殊意异，未必服从，今留匡弼，事势不便，惟有移驾幸许耳。然朝廷播越，新还旧京，远近跂望，冀一朝获安。今复徙驾，不厌众心。夫行非常之事，乃有非常之功，愿将军算其多者。"董昭在这里分析了形势，进而鼓励曹操要行非常之事，就不要管那么多。董昭的一番话坚定了曹操迁都的决心，说："此孤之本志也。"当时曹操怕杨奉兵精为累，董昭又为他作了分析："奉少党援，将独委质。镇东、费亭之事，皆奉所定……宜时遣使厚遗答谢，以安其意，说'京都无粮，欲车驾暂幸鲁阳。鲁阳近许，转运稍易，可无县乏之忧'。奉为人勇而寡虑，必不见疑，比使往来，足以定计，奉何能为累？"[1]曹操很钦佩董昭的分析，利用对方弱点，先安其意以成自己的大事，然后徐图之。这正是曹操之所长，因而立即遣使到杨奉那里，先安抚杨奉，同时，立即布置挟帝出京之事。

八月庚申（公元 196 年 10 月 7 日），也就是在其自领司隶校尉的第九天，曹操趁诸多外兵尚无察觉自己的意图的情

---

[1]　（晋）陈寿撰：《三国志·魏书·董昭传》，卷 14，第 437—438 页。

况下，按照原来的谋划，迅即"移驾"（实是挟持）出洛阳，经摄辕（今河南偃师东南）而东，迁都于许县。

　　许县完全在曹操的统制之下。汉献帝别无所依，为了拉拢曹操，到许之后，亲自到曹操军营，封曹操为大将军、武平侯。曹操原来袭爵是"亭侯"，现在新封是"县侯"，高了一个等级。

　　朝廷封赏，实同"自领"，但曹操还是再次表演了一番辞让之伎，连上《上书让增武平侯》《上书让增封》，其文仍然是先述谦抑之辞，并隐含表己之劳和祖先之功，如谓"伏自三省，姿质顽素，材志鄙下，进无匡辅之功，退有拾遗之美。虽有犬马微劳，非独臣力，皆由部曲将校之助；陛下前念先臣微功，臣受不赀之分，未有丝发以自报效"，等等，后陈"不克负荷"之恳切辞让之"诚"。如果不谙背景，读来无不受其感动。如谓：没有非同寻常的功劳，而接受非同寻常的恩赏，成了自己的一块心病；但连连上表，始终得不到皇帝的允许，本知"让不过三"，但还是要把心里的话说出来，至于四五，这是"上欲陛下爵不失实，下为臣身免于苟取"。最后两句终于点明了屡屡让封的本意，就是让天下人承认皇帝的爵赏是合理的，即"爵不失实"；就是曹操要让天下人承认他接受增封并非"苟取"，而是理所应得的。

　　曹操迎汉献帝到许都后，盖造宫室殿宇，立宗庙社稷、省台司院衙门，修城郭府库；封董承等十三人为列侯。赏功罚罪，并听曹操处置。曹操又封荀彧为侍中、尚书令，荀攸为军师，郭嘉为司马祭酒，刘晔为司空仓曹掾，毛玠、任峻为典农中郎将——催督钱粮，程昱为东平相，范成、董昭为洛阳令，满宠为许都令，夏侯惇、夏侯渊、曹仁、曹洪皆为将军，吕虔、李典、乐进、于禁、徐晃皆为校尉，许褚，典书皆为都尉；其余将士，各各封官。自此朝廷大权皆归于曹操，朝廷大务，先禀曹操，然后方奏天子，曹操"居中持重"[①]"挟天子以令诸侯"的目的至此完全达到，这为他带来了极大的政治优势。

三、百官总己以听

曹操迁天子都许，使汉献帝完全摆脱了其他军事力量的控制，而完全置于自己的掌控之中。对于随驾的诸多文武大臣，曹操两手兼用，或罢杀之，或封赏之，总之在剪除异己上面颇费了一番心思。

曹操首先向最有影响力的三公发难。

建安元年（公元196年）九月，罢太尉杨彪、司空张喜。杨彪，四世太尉，德业相继，与袁氏俱为东汉名族，自董卓乱起，尽节卫主，从洛阳到长安，又从长安回到洛阳，继而从东都许，"崎岖危难之间，几不免于害"。既有如此之位，又有

---

① （晋）陈寿撰：《三国志·魏书·荀彧传》，卷10，第311页。

如此之功的人，对于曹操无疑是一种权力威胁。史载，天子
新迁，大会公卿，曹操上殿，见杨彪脸色不悦，怕被暗算，未
等摆好宴席，便借口腹痛上厕所，回营去了。曹操未及宴设
而出，对天子和朝臣都是很大震动，杨彪自知危险，主动请求
"以疾罢"。但曹操并不以此为满足。据说，杨彪与袁术有姻
亲之干系，"时袁术僭乱，操托彪与术婚姻，诬以欲图废置，
奏收下狱，劾以大逆。"大逆，属于杀无赦之罪。杨彪获罪，
惧者甚众。"惧众"，才是曹操的真正目的，或说是重要目的
之一。将作大匠孔融得知杨彪下狱，来不及穿好朝服，即往见
曹操，说："杨公四世清德，海内所瞻。《周书》父子兄弟罪
不相及，况以袁氏归罪杨公。《易》称'积善余庆'，徒欺人
耳。"操回答说："此国家之意。"融说："假使成王杀邵公，
周公可得言不知邪？今天下缨纟委缙绅，所以瞻仰明公者，
以公聪明仁智，辅相汉朝，举直厝枉，致之雍熙也。今横杀
无辜，则海内观听，谁不解体！孔融鲁国男子，明日便当拂衣
而去，不复朝矣。"[1]曹操大概觉得孔融的话有点道理，现在
既已把杨彪的威风打下去了，留下也无妨，于是便把杨彪放
了。四年后还给了杨彪一个掌管宗庙礼仪的官——太常卿。
孔融谏阻杀杨彪虽然成功了，但也埋下不容于操的危机。

　　司空张喜是以什么理由罢免的，史无可证。但总会有个
不成理由的理由，因为官居公卿是不能随便罢黜或杀的。

---

　　[1]　（宋）范晔撰：《后汉书·杨彪传》，卷54，第1788页。

　　至于非公卿之一般官吏，虽然也不能随便滥杀，但就当时来说，根本无需通过什么程式，曹操如果觉得是异己即可杀掉。议郎赵彦，曾向皇帝陈言时策，曹操知道后很不高兴，就把赵彦杀了。

　　《后汉书·伏皇后纪》说："自帝都许，守位而已，宿卫兵侍，莫非曹氏党旧姻戚。议郎赵彦尝为帝陈言时策，曹操恶而杀之。其余内外，多见诛戮。"①

　　在诛戮朝中异己的同时，曹操为了许都的安宁和便于行使权力，立即着手对近许之敌对势力用兵。当时兵马最强、离许最近的是杨奉。杨奉曾相信董昭以曹操名义写的信，以为操能与自己"死生契阔，相与共之"，因而表举曹操为镇东将军，袭爵费亭侯。及至曹操"移驾"，杨奉始知上当，曾想发兵截击，但没有来得及。杨奉驻梁（今河南商丘境）是直接影响朝廷稳定的一股势力，因而曹操把杨奉视为心腹大患，确定为第一个用兵目标。冬十月，曹操发兵征杨奉，杨奉、韩暹南奔袁术，从而解除了近兵之忧。

　　赶走杨奉之后，曹操开始想法对付最大的一个妨碍自己的对手袁绍。曹操深知，靠武力是不行的，但太软也不行，于是便采用了硬软兼施的两手政策，先是以皇帝诏书的名义责绍"地广兵多而专自树党，不闻勤王之师，而但擅相讨伐"②。

---

　　①　（宋）范晔撰：《后汉书·伏皇后纪》，卷10下，第453页。
　　②　（宋）范晔撰：《后汉书·袁绍传》，卷74上，第2384页。

因为是天子诏书，袁绍不能不认真对待，否则更授曹操以柄，因而写了很长的一封信进行辩解。这一招，无疑是曹操初试奉天子以令不臣的成功之举。袁绍果然诚惶诚恐，反复表白。诏责袁绍，沉重地打击了袁绍的气焰。继而，曹操使出第二手，以皇帝名义拜袁绍为太尉，封邺侯。

当时，曹操已自为大将军，袁绍耻为操下（东汉时三公是荣职而无多大实权，因而实际上大将军位在三公之上），怒曰："曹操当死数矣，我辄救存之，今乃背恩，挟天子以令我乎?"①于是上表不受。袁绍表辞太尉实是装装样子，并非真心，但因为袁绍的势力太大，曹操尚不能与之抗拒，所以"大惧"。曹操权衡形势，为了稳住袁绍，即以大将军让绍。随后，"使将作大匠孔融持节拜绍为大将军，锡弓矢节钺，虎贲百人，兼督冀、青、幽、并四州"②。

异己势力清除了、打击了；党旧姻戚把持要津、实权在握了；近敌打跑了；袁绍稳住了；许都自然也就相对平静了。至此，进一步控制权力的条件更加具备。"冬十一月丙戌，曹操自为司空，行车骑将军事，百官总己以听。"③当然，名义上还是由皇帝拜授的。所以，曹操还得写一份《让还司空印授表》。

① （晋）陈寿撰:《三国志·魏书·袁绍传》注引《献帝春秋》，卷6，第195页。
② （宋）范晔撰:《后汉书·袁绍传》，卷74上，第238页。
③ （宋）范晔撰:《后汉书·献帝纪》，卷9，第380页。

　　明明是自拜自受，却要走一下辞让的程序，明明把权力拿在手里，而反说自己不堪其任，看来滑稽，但其意义是重大的，因为曹操要在这不断折腾中塑造自己的正面形象，巩固自己的权力。这份辞让表是这样写的：

　　　　臣文非师尹之佐，武非折冲之任，遭天之幸，干窃重授。内踵伯禽司空之职，外承吕尚鹰扬之事，斗筲处之，民其瞻观。水土不平，奸宄未静，臣常愧辱，忧为国累。臣无智勇，以助万一，夙夜惭惧，若集水火，未知何地，可以殒越。①

　　曹操在这份辞让表中表达出了三层意思：第一，自谦自抑，蒙皇帝之赐，忝辱重位；第二，司空、车骑将军都是很重要的位置，由他担任更将引起众人注目；第三，常怀忧国之心，做好了不惜为国捐躯的思想准备。

　　这时的曹操已经走上最高权力的政治舞台，所以对于这份奏章不宜与其他一般辞让同等看待，应该撇开其形式，挖掘其思想内涵。从形式上看表章是写给皇上的，而实际上则是自说自话，所以它反映了曹操一定的真实思想。

　　无疑，曹操对当时的整个形势有着清醒的分析，他深知如要把天下平定下来，进而成其大业并非易事；他已认识到民心思定，民众对于自己的所作所为将极为关注；他必须做

---

　　① （三国）曹操著：《曹操集》，第15页。

好失败的思想准备，以甚至牺牲自己的性命。事实证明，他的疑虑不是没有道理。他的急遽的集权行动，很快引起汉献帝和一些大臣的不满。他们试图削弱曹操的权力，以至除掉他。本来曹操已经"行车骑将军事"，建安四年（公元199年），汉献帝又"以董承为车骑将军，开府"。"开府"就是为其置僚属，设机构，赋予了实际的权力。这当然是曹操所不能容忍的。两股势力展开了明争暗斗，史载："自都许之后，权归曹氏，天子总己，百官备员而已。帝忌操专逼，乃密诏董承，使结天下义士共诛之。承遂与刘备同谋，未发，会备出征，承更与偏将军王服、长水校尉种辑、议郎吴硕结谋。事泄，承、服、辑、硕皆为操所诛。"①

建安五年（公元200年）正月，董承等人被夷三族，"董承女为贵人，操诛承而求贵人杀之。"当时，贵人已经怀孕，汉献帝恳求免贵人一死，"累为请，不能得"。董承以及皇帝的贵嫔被杀产生了极大的威慑力量，汉宫内外无不惊骇。曹操进一步巩固和发展了自己权力。自此，汉史再无汉献帝自主封拜重要文武官员的记载，汉献帝和他的近臣虽曾继续谋划除掉曹操，但始终不能或不敢走出这一步。史载，皇后伏寿"自是怀惧，乃与父完书，言曹操残逼之状，令密图之。完不敢发"。②

---

① （宋）范晔撰：《后汉书·董卓传》，卷72，第2343页。
② （宋）范晔撰：《后汉书·伏皇后纪》，卷10下，第453页。

曹操既总百官，权力日隆。他为了权力可以不择手段，但又并非那种单纯的权力欲者，而是要利用权力谋划大事，为将来的更大发展做准备。他表现出一个政治家的气度。他要考虑军事，不失时机地征伐不臣，实现统一；他要考虑政治，以期存利除弊，取得天下大治；他要考虑经济，以期扭转田地荒芜、"白骨露于野，千里无鸡鸣"悲惨局面，走上富国强兵之路；同时，他还要考虑如何准备条件、收拢人才、积蓄力量以实现上述政治、经济、军事上等诸多目标。而这一切，都毫无疑问与他能够挟汉献帝以令诸侯有着重要的关系。

第二章　推行屯田制

　　早在初平三年（公元192年），曹操刚做兖州牧时，治中从事毛玠就提出了两条重要建议：一是要奉天子以令不臣，二是要修耕植以蓄军资。对这两条建议，曹操均十分赞同，并创造条件积极施行。经过努力，曹操首先做到了第一条，将汉献帝迎到了许都。接着，曹操又开始实践第二条。修耕植以蓄军资，其中心任务就是实行屯田，通过发展农业生产，增加粮食收成，解决十分紧迫的军粮问题。民以食为天，军队自然也不可能例外。军队缺乏粮食，不仅要削弱战斗力，连自身的生存都将成为问题。因此，解决好军粮问题，就可以不断增强自身的战斗力，在群雄角逐中站稳脚跟，进而消灭对手，逐步完成统一大业。

一、先代之良式

早在黄巾起义前，东汉的社会经济就已面临崩溃的危俭，延熹六年（公元163年），陈蕃在给汉桓帝的上疏中，就指出当时有"田野空，朝廷空，仓库空"的"三空之厄"。董卓之乱后，社会经济更是遭到毁灭性的打击，中原地区所遭受的破坏尤为严重，原来经济繁荣的河南和关中地区变得万象凋零，残破不堪。在这场劫难中，首当其冲的自然是农业生产，战乱频繁，经济凋敝，极大地破坏了社会根基。土地荒芜，人口锐减，满目疮痍。《三国志·武帝纪》注引《魏书》说："自遭荒乱，率乏粮谷。诸军并起，无终岁之计，饥则寇略，饱则弃余，瓦解流离，无敌自破者不可胜数。袁绍之在河北，军人仰食桑椹。袁术在江、淮，取给蒲蠃。民人相食，州里萧条。"①曹操统治地区虽然尚未出现"瓦解流离"的情况，但形势也相当严重。他数次用兵，都因粮绝食尽而被迫罢兵。第一次东征陶谦，就因粮食困难，不得不中途退兵。他与吕布争夺兖州，在濮阳一带同吕布相持百多天后，也因粮食接济不上，不得不暂时罢兵自守。一次程昱在自己的辖县东阿为曹操筹措军粮，想尽办法，只勉强筹得可供三天食用的粮食，其中还杂有人肉干，为此程昱后来频遭非议，虽

---

① （晋）陈寿撰：《三国志·魏书·武帝纪》注引《魏书》，卷1，第14页。

然曹操一直对他信用，但他终未能做到三公的高位。曹操前往洛阳迎接献帝时，途中所带一千多人全部断粮，幸得新郑长杨沛把储存的桑果干拿了出来，才算渡过了难关。曹操对此很感激杨沛，迎献帝都许后，即将杨沛调去做了长社令。曹操进入洛阳，见到的是群僚饥乏，尚书郎以下诸官自己到野外采野菜充饥、有的饿死在残壁断垣之间的情景。

粮食问题已严重到如此地步，到了非解决不可的时候。然而，单靠一般的手段，或采用通常的一套发展农业生产的办法，是不可能解决燃眉之急的。必须采用行之有效的非常手段，将劳动力和土地结合起来，以尽快获得大的效益。曹操深知，不解决当前的饥饿问题，不考虑农业经济以解决的粮食问题，就不可能稳定人心，巩固自己的权位，更谈不上征伐不臣，从而实现统一的问题。

因此，曹操从当时的实际情况出发，采纳部下建议，在建安元年（公元196年），迎献帝都许不久，即宣布实行屯田，将"修耕植以蓄军资"的方针落到实处，解决紧迫的军粮问题。

作为一个政治家，曹操十分重视经济问题。

曹操的经济思想主要表现在行屯田以资军食，薄赋税开租调制之先，重兼并之法抑制豪强，以及其他一些零星措施与主张，诸如，重视水利，主张酒禁、盐铁监卖等等。其中作用最大、影响最深，且常为历史家所称道的莫过于屯田。

屯田的提出和实行，完全是时代所使然。前述，数十年间战乱不断，人口锐减，大批的农业劳动力或死或亡或被征为军士，土地大面积荒芜，军民饥馑乏食。出路何在呢？不少地方割据势力都想到了屯田。如徐州牧陶谦"表登为典农校尉，乃巡土田之宜，尽凿溉之利，粳稻丰积"[1]。典农校尉源于西汉之屯田校尉、农都尉。据《后汉书·百官志》载，"（武帝时）边郡置农都尉，主屯田殖谷。"再如，兴平二年（公元195年），公孙瓒被袁绍打败，"遂保易京，开置屯田，稍得自支"[2]。据此推测，初平三年（公元192年），毛玠向曹操提的"修耕植，畜军资"的建议，亦当属于"屯田"性质。曹操面临着残酷的现实，又甚知历史的经验，因而约在初平、兴平年间把屯田作为定国之术提了出来。他在《置屯田令》中说：

> 夫定国之术，在于强兵足食。秦人以急农兼天下，孝武以屯田定西域，此先代之良式也。[3]

"良式"，就是良好的榜样或范式。

曹操认为，秦国之所以能兼并天下，就是因为贯彻了商鞅的农战政策；汉武帝之所以能平定西域，就是因为以军人戍

---

① （晋）陈寿撰：《三国志·魏书·吕布传》附《陈登传》注引《先贤行状》，卷7，第230页。

② （宋）范晔撰：《后汉书·公孙瓒传》，卷73，第2363页。

③ （三国）曹操著：《曹操集》，第30页。

边屯垦，解决了军需之急。因而他把"秦人以急农并天下"和"汉武以屯田定西域"作为效法的榜样。

　　屯田在曹操以前的历史上确实发挥过巨大作用，而且被人们所肯定。秦孝公时，商鞅"以三晋地狭人贫，秦地广人寡，故草不尽垦，地利不暴出，于是诱三晋之人，利其田宅，复三代，无知兵事，而务本于内，而使秦人应敌于外"[①]，加紧发展农业生产，实现了富国强兵，最后终于统一天下；公元前214年，秦始皇"使蒙恬将数十万之众北击胡，悉收河南地。因河为塞，筑四十四县城临河，徙适戍以充之。"[②]由于在河套一带置县移民，大大节省了转输之劳；西汉晁错上汉文帝《守边备塞疏》，具体设计了徙民实边，"相其阴阳之和，尝其水泉之味，审其土地之宜，观其草木之饶，然后营邑立城，制里割宅，通田作之道，正阡陌之界"[③]的屯田方案；汉武帝时，为了巩固西北边防，抗击匈奴侵扰，曾在东起朔方、西至令居的大片地区设置屯田，调发大量戍卒屯垦。平定西域后，又在西域屯田，就地解决军粮问题，省却了许多转运之劳，对平定西域发挥了重要作用；汉昭帝始元二年（公元85年），诏发习战射士诣朔方，调敦吏将，屯田张掖郡；汉宣帝神爵元年，遣后将军赵充国将兵击先零羌，

---

①　（唐）杜佑撰：《通典·食货一》，卷1，中华书局1988年版，第6页。
②　（汉）班固著：《汉书·匈奴传》，卷94上，第3748页。
③　（汉）班固著：《汉书·晁错传》，卷49，第2288页。

充国上奏欲罢骑兵，屯田以待其弊，诏允充国屯田，大获地利；东汉初年，马援在今甘肃榆中等地屯田。所有这些，对于解决粮食转输问题都曾起过重要作用。曹操认为这些做法都很值得借鉴，这样做就可以使兵力强盛，粮食充足，达到安定天下的目的。曹操正是在充分吸取历史经验的基础上，作出推行屯田这一重要战略决策的。不同的是，汉武帝是在西北边疆地区实行屯田，曹操则是在中原地区实行屯田；汉武帝实行的是军屯，曹操最初主要实行民屯，后来才又逐步扩展到军屯。这些都是从实际情况出发作出的变通。如果不知变通，墨守成规，是不可能在中原地区做出如此重大屯田事业来的。

定国之术在于强兵足食，强兵足食就应以先代好的经验和做法为榜样。这就是曹操的主张。不过，应该说明的是，屯田作为一项农业政策或农战措施早已有之，不能视为曹操特有的思想。但积极主张利用这种形式的本身，又当是一种经济思想的体现。

二、许下屯田

建安元年（公元196年），曹操迎帝都许后，曾就经济问题展开广泛讨论，即所谓"大议损益"。从当时的情形看，虽然曹操早已有过取先代之良式以行屯田的主张和行动，但意见依然很不一致。从司马朗为丞相主簿时劝曹操承大乱之后、民人分散、土地无主，"宜复井田"看，当有一种力倡恢复井田的主张。曹操没有被此类意见所动。

史载，"时大议损益，浩以为当急田。太祖善之，迁护军。"①浩，姓韩名浩，河内人，后来官至中护军，掌禁兵，封列侯。同时，枣祗也提出了即置屯田的建议。据《资治通鉴》献帝建安元年（公元196年）记："羽林监枣祗请建置屯田，曹操从之。"②枣祗，颍川人，本姓棘，先人避难，改姓枣，曾任东阿令。吕布之乱，枣祗拒守东阿，建有功勋，曹操迎帝都许后将其留在身边做警卫部队的头领。《三国志·武帝纪》说："是岁（即建安元年），用枣祗、韩浩等议，始兴屯田。"③可见，韩浩、枣祗二人对于曹操决定在建安元年实行屯田起了很重要的作用。"始兴屯田"云云，易被理解为曹操从建安元年（公元196年）才开始屯田。实际上屯田并不是从这时开始的，已如前述。这里的"始兴"二字，说的是曹操迎帝都许、初秉汉政后把屯田作为一项国家政策决定下来并付诸实施。

屯田首先在许都周围地区推行，以期取得经验后再逐步推广。曹操把原黄巾军的一些人及从各地招募来的流民，用

---

① （晋）陈寿撰：《三国志·魏书·诸夏侯曹传》注引《魏书》，卷9，第269页。
② （宋）司马光编著：《资治通鉴》，中华书局1995年版，第1990页。
③ （晋）陈寿撰：《三国志·魏书·武帝纪》，卷1，第14页。

军队形式加以编制，组织成屯田民（或称屯田客）。屯田的基层组织为屯，民屯每屯有五六十人，配给一定数量的土地、耕牛和农具等。为了加强对屯田农民的管理，自下而上建立了堪称严密的组织系统。管理一屯的屯田官称屯田司马，管理一县屯田事宜的屯田官称屯田都尉（地位相当于县令、长），管理一郡屯田事宜的屯田官称典农中郎将或典农校尉（地位相当于郡太守）。在中央，屯田事宜则由司空掾属（后来是丞相掾属）权管，建安十八年（公元213年）置大司农后，则由大司农全权负责。此外，后来还有典农丞（可能是典农中郎将或典农校尉的助手）、绥集都尉（可能相当于屯田都尉）、典农功曹、典农纲纪等名目。"中郎将""校尉""都尉"等本来都是军官职名，由于曹操所实行的民屯是承袭汉武帝时的军屯制度而来，屯田民又都是按军队形式组织起来的，因此屯田官也套用了军队职位名称，使民屯染上了浓重的军事色彩。

屯田官管理所辖屯田区内的农业生产、民政和田租等有关事宜，直接对上一级屯田官负责，和当地的郡守、县令等不相统属，郡守、县令无权过问有关屯田的事宜。这一点，一直坚持了多年没有改变。①

曹操屯田有民屯、军屯两种形式。就曹操屯田来说，虽然军屯早于民屯，但大都是临时因地制宜，规模较小，且曹操在世时，军屯尚不发达，因而不单列目专评。曹操秉政后

---

① 参见张亚新著：《曹操大传》，中国文学出版社1994年版，第118页。

最早的民屯是许下屯田，而取得最大成就的也是许下屯田。

许是汉献帝的临时都城，是曹操最便于直接控制的地方，并且具备了屯田的各种条件。所以许下便成了首选之地方。一般说来，屯田必须具备以下条件：第一，有大量的无主荒地存在；第二，有相当数量的屯垦劳动力。据载，曹操收编青州军三十万，而其随军家属等百余万人；迎帝都许前，还击败了汝南、颍川黄巾何仪、刘辟、黄邵、何曼等部，其中又有不少降者；第三，有一定物资基础。据载，"及破黄巾，定许，得贼资业"。所谓"资业"，当指从黄巾手中夺得的耕牛、农具等；第四，当地仅有的老百姓的支持。当时依附土地的一些老百姓，甚受战争之苦，也亟望政府给予扶持。

东汉末年，北方地区是黄巾起义和军阀混战的主战场，在长期战争中，经济遭受了严重破坏，饥荒流行，并严重威胁到各军阀力量的生存和发展。为了在争战中立于不败之地，必须解决军粮问题。曹操在统一北方的过程中即吸取两汉在边疆屯田的经验。推行了屯田制度。当时北方地区有大量无主荒地，社会上有大量流民。曹操在镇压黄巾起义的过程中获得了大量人口，仅初平三年（公元192年）镇压青州黄巾就俘获男女百余万口。充足的土地和劳动力为屯田提供了必要的条件。

许下屯田大政确定下来后，曹操即以枣祗为屯田都尉，以骑都尉任峻为典农中郎将，主持屯田事务。建安元年（公元196年），曹操在许昌屯田，得谷百万斛，获得成功。此后屯田制度便进一步确立和推广起来。

从诸多记载分析，曹操又曾组织群僚讨论过屯田的具体办法。由曹操后来写的《加枣祇子处中封爵并祀祇令》看出，当时意见仍不统一。施行之初和施行之中都有过议论。曹操接受了枣祇的意见，终获成功。此令是反映曹操屯田的最完整的资料，现节录如下：

> 故陈留太守枣祇，天性忠能。始共举义兵，周旋征讨。后袁绍在冀州，亦贪祇，欲得之。祇深附托于孤，使领东阿令。吕布之乱，兖州皆叛，惟范、东阿完在，由祇以兵据城之力也。后大军粮乏，得东阿以继，祇之功也。及破黄巾定许，得贼资业，当兴立屯田，时议者皆言当计牛输谷，佃科以定。施行后，祇白以为僦牛输谷，大收不增谷，有水旱灾除，大不便。反复来说，孤犹以为当如故，大收不可复改易。祇犹执之，孤不知所从，使与荀令君议之。时故军酒侯声云："科取官牛，为官田计。如祇议，于官便，于客不便。"声怀此云云，以疑令君。祇犹自信，据计画还白，执分田之术。孤乃然之，使为屯田都尉，施设田业。其时岁则大收，后遂因此大田，丰足军用，摧灭群逆，克定天下，以隆王室。祇兴其功，不幸早没，追赠以郡，犹未副之。今重思之，祇宜受封，稽留至今，孤之过也。祇子处中，宜加封爵，以祀祇为不朽之事。①

---

① （晋）陈寿撰：《三国志·魏书·任峻传》注引《魏武故事》，卷16，第490页。

可见，屯田之初，根据老的办法和多数人的意见"佃科已定"，即"计牛输谷"，屯田农民按照租用官府的耕牛数目，向政府缴纳租粮；施行后，枣祗从实际经验中看出"计牛输谷"的弊端很大，于是对曹操说，按照租赁牛数输谷，丰收了不能多征，遇到水旱之灾，则要减免，太不利。枣祗"分田之术"，即把土田分给个人，然后根据收获量多寡对半分成。曹操不想改，枣祗坚持己见，力排众议，终于说服了曹操。

正是按照枣祗的办法，当年即见大效。因为是岁大大丰收，又加五五分成之制，既鼓励了屯民多产粮食的积极性，又得到很大的盘剥之比，所以竟然"得谷百万斛"。许下屯田获得了巨大成功。

枣祗不幸早逝，最后使屯田获得全国性成功的是任峻。任峻，河南中牟人，曾为河南主簿，举郡归操，操"表峻为骑都尉，妻以从妹，甚见亲信"。曹操每有征伐，常迮任峻负责军器粮秣等军需方面的事。枣祗建置屯田，曹操以峻为典农中郎将，督领屯田事。任峻按照曹操的意旨和枣祗的办法，在各州郡例置田官，"数年中所在积粟，仓廪皆满"。所以史称："军国之饶，起于枣祗而成于峻"①。

屯田的成就，解除了粮荒，极大地支援了曹操的统一北方的战争。对其当时所起的作用，《三国志·武帝纪》注引

---

① （晋）陈寿撰：《三国志·魏书·任峻传》，卷16，第489页。

《魏书》说，屯田制的成功，使得"征伐四方，无运粮之劳，遂兼灭群贼，克平天下"。曹操又说："祗犹自信，据计画还白，执分田之术。孤乃然之，使为屯田都尉，施设田业。其时岁则大收，后遂因此大田，丰足军用，摧灭群逆，克定天下，以隆王室"。①

枣祗死于建安六年（公元201年），又三年（公元204年），任峻也死了。曹操念念不忘二人之功。他追赠枣祗为陈留郡太守，但仍然觉得"犹未副之"，又给其儿子封爵，以祀枣祗的"不朽之事"。任峻死时，"太祖流涕者久之"。曹操对枣祗和任峻的怀念，恰好说明，许下屯田是他颇为自得的重大经济之举。他在关键的时刻，果断地吸收了商鞅等的农战思想和秦汉历史经验，行屯田，既保证了军事之需，又在客观上巩固了自己的政治权势。任峻死后，曹操使国渊负责屯田事。国渊，乐安盖（今山东沂水西北）人，曹操辟为司空掾属。史载，"太祖欲广置屯田，使渊典其事。渊屡陈损益，相土处民，计民置吏，明功课之法，五年中仓廪丰实，百姓竞功乐业"。②在屯田过程中，曹操还接受沛南部都尉袁涣对屯田民"宜顺其意，乐之者乃取，不欲者勿强"的建议，"百姓大悦"③。屯田也因此取得了良好的效果。

---

① （晋）陈寿撰：《三国志·魏书·任峻传》注引《魏武故事》，卷16，第490页。
② （晋）陈寿撰：《三国志·魏书·国渊传》，卷16，第490页。
③ （晋）陈寿撰：《三国志·魏书·袁涣传》，卷11，第339页。

建安二十三年（公元 218 年），曹操根据司马懿的建议，在建立民屯的基础上，又在一些军事驻地建立军屯，由士兵担任生产，建立了"且耕且守"，即一面戍守一面务农的体制。兵屯保持着原有的军事体制，以营为生产单位，其屯田事务最初可能由典农中郎将或典农都尉代管，后来由大司农委派的司农度支校尉和度支都尉专管。军屯的建立，对于开垦荒地，减轻农民养兵运粮的负担，起了积极的作用。

许下屯田成功之后，随着曹操统治区域的不断扩大，屯田的规模也越来越大，到曹魏建国后，北方有不少地方成了屯田区。先后实行屯田的地方除许昌外，还有颍川、襄城、荥阳，洛阳、野王、河内、原武、汲县、弘农、南阳、汝南，梁国、谯郡，沛国，芍陂，皖县、魏郡、钜鹿、河东、上党、长安、上邽等地。内地多为民屯，边地多为军屯，最大的军屯区在淮河南北，霹今皖北、苏北一带，最多时军屯官兵达十余万人，每年生产的粮食除自己食用外，还有大量积余。

四、屯田的意义与影响

屯田这种制度，本来自秦汉以来，已经开始有了，不过那时建置屯田，大都在边疆地区进行，到了曹操这时，才把这种制度广泛地推行到中原内地。

屯田在曹操治理实践中占有重要地位。

第一，曹操屯田解决了北方严重的粮食危机。

第二，曹操屯田举措，将大量的流民和自由民组织在屯田上，有力地稳定了当时动乱的社会秩序。

第三，曹操屯田，有力地加强了他统一北方的军事进程。

曹操推行屯田政策的成功，在政治、经济和军事等方面所显示出来的意义是极不寻常的。它使北方的农业经济在一个较短时期内得到了比较好、比较快的恢复和发展，使"自骨露于野，千里无鸡鸣"的景象在一定程度上得到了改观。王粲在《从军诗》其五中说："朝入谯郡界，旷然消人忧。鸡鸣达四境，黍稷盈原畴。"曹丕在《于玄武陂作》诗中说："野田广开辟，川渠互相经。黍稷何郁郁，流波激悲声。"反映的虽只是局部的景象，但应当说是有一定代表性的。把在长期战乱中弄得凋敝不堪的农业经济重新振作起来，这不能不说是一个很大的功劳。

屯田使在长期战乱中被迫离开土地或被剥夺了土地的农民，重新和土地结合了起来，从事农业生产，既解决了流民无家可归、无业可从的问题，也解决了大量荒地闲置的问题。

屯田制度的施行，也在一定程度上遏制了豪强地主势力的发展。董卓之乱后，各地有不少豪强搞武装割据，在风暴过去之后，他们竞相侵占土地，招纳流民，以不断扩展自己的实力。流入荆州的关中百姓回乡后，地方豪强就曾争相招纳，使为部曲，而属于官府系统的郡县由于财力贫弱，却无力与之竞争，眼睁睁地看着他们日益强大起来。如果放任自流，让土地和劳动力无限制地流到那些私家手中，就会影响到官军的兵源和粮食供应，最终还会发展到尾大不掉、难以控制的地步。曹操自然是绝不愿意看到这种情形出现的。因此，他推行屯田，就是要利用自己的势力和地位，将流散的劳动力和荒废的甚至还有人耕种的土地收归政府所有，使豪强势力不能无限制地占夺土地，招纳流民，成为他统一国家的障碍。曹操在很大程度上达到了自己的目的。

而实行屯田给曹操带来的最直接和最大的收获，则是解决了长期为之担忧的十分紧迫的军粮问题。实行屯田后不过几年，各地收获到的谷物每年总量即达数千万斛之多，基本上满足了曹操进行统一战争的需要。而且这些谷物分储各地，军队开到哪里大体上能做到就地或就近供应，既免除了转运之劳，又保证及时有力地支援了曹操对其他割据势力的战争。曹操最初为解决军粮问题而实行屯田，从这个角度说，他基本上达到了自己的目的，"修耕植以蓄军资"的战略方针取得了预想的胜利。

总之，屯田是曹操在汉末战乱情况下采取的恢复农业生产的一项措施。通过屯田，大批劳动力与土地组合起来，大片荒地得到重新开垦，大量流民重新回到土地，对北方经济的恢复和发展起到了巨大的作用。曹魏政权通过屯田解决了军粮问题，增强了军队战斗力，为统一北方提供了物质保障；大批流民在屯田中安定下来，也有利于社会的稳定。

曹操屯田的成功，在天下三分之后也曾影响到吴、蜀两国，他们都曾相继实行过屯田，不过其规模和功效都不能与中原地区相比。

魏元帝咸熙元年（公元264年），曹奂下令"罢屯田官，以均政役"，典农官分别改为太守、令长。晋初泰始二年（公元266年），晋武帝司马炎又重申前令，罢农官为郡县。至此，曹魏推行了七十多年的民屯制度彻底废止。

募民屯田，终魏一代基本终止了。但曹操取先代之良式以行屯田的思想及其诸多措施，以及他的军屯主张，戍边屯垦的实践，都长期给后代以影响。两晋以降凡行屯田或言屯田者大都以魏武屯田为榜样，并喜欢引用魏武故事。晋羊祜为征南将军，镇襄阳，戍逻减半，"分以垦田八百余顷，大获其利"。羊祜初到襄阳时"军无百日之粮，及至季年，有十年之积"。东晋元帝督课农功，二千石长吏以入谷多少为殿最，其宿卫要任皆令赴农，使军各自佃，即以为廪。大兴年中（公元318—321年），三吴大饥，后军将军应詹上表曰："魏武帝用枣祗、韩浩之议，广建屯田，又于征伐之中分带甲之士，随宜开垦，放下不甚劳，大功克举。间者流人奔东吴，东吴今俭，皆以还返江西，良田旷废未久，火耕水耨为功差易，宜简流人，兴复农官，功劳报赏皆如魏氏故事，一年中与百姓，二年分税，三年计赋税，以使之公私兼济，则仓庾盈亿，可计日而待之。"无疑，前者为军屯，后者为民屯。穆帝升平（公元357—361年）初，"苟羡为北部都尉，镇下邳，屯田于东阳之石鳖，公私利之"。这是一种军屯。

不仅如此，到数百年后仍有不少人以曹操屯田为依据倡行屯田。如南朝齐高帝萧道成敕桓崇祖修理芍陂田，曰："卿但努为营田，自然平殄虏寇。昔魏置典农而中都足食，晋开汝颍而河汴委储，卿宜勉之。"又如北朝西魏大统年间（公元535—551年），大旱十二年，秘书丞李彪上表请立农官，"取州郡户十分之一为屯田人"，自此"公私丰赡"[①]；北齐废帝乾明中（公元560年），又修石鳖等屯，"岁收数十万石，自是淮南军防粮足"；后来的隋唐时期戍边屯田，一度发达，隋于长城以北大兴屯田，唐开军府以捍要冲，因隙地置营田，"天下屯总九百九十二司农寺因屯三顷，州镇诸军每屯五十顷。"宋以后直到明清，屯田之事，同样赓续不断。这些屯田，实际上都是承魏武之故事。[②]

---

① （唐）杜佑撰：《通典·食货二》，卷2，中华书局1996年版，第43页。
② 参见张作耀著：《曹操传》，人民出版社2015年版，第96—97页。

第三章　统一北方

　　曹操拥有兖、豫二州，迎帝都许，控制了朝廷权力的时候，群雄割据的军事局面已成定势。北面，袁绍据冀，并控制青、并二州，公孙瓒据幽州，张杨据河内；东面，吕布据徐州，袁术据淮南；南面，刘表据荆州，张绣据南阳，孙策据江东；西面，韩遂、马腾据凉州，张鲁据汉中，刘璋据益州。这是一种曹操势力居中的军事态势，四面受敌，处敌包围之中。客观形势的复杂性，为曹操芟荑群雄带来了困难，也为曹操提供了充分施展军事才能、逐步击败群雄、统一北方的机会。面对这种局面，曹操基本上采取了北和袁绍，由近及远，先弱后强，各个击破的军事战略方针，南征张绣，东讨袁术，擒杀吕布，在官渡与袁绍决战，逐步芟荑了各方割据力量。

一、南征张绣

张绣，武威祖厉（今甘肃会宁县西北）人，骠骑将军张济的侄子。张济原为董卓部将，董卓被杀后，曾与李傕、郭汜联兵攻打吕布。汉献帝东归途中，又曾与李傕，郭汜联兵追截。后经议和，李傕、郭汜回到关西，张济留屯弘农。献帝都许后，于建安二年（公元197年）派谒者仆射裴茂率关西诸将杀死李傕，灭其三族。郭汜则被其部将五习所袭，死于郿县。张济在弘农，因缺粮，率部向南到荆州就食。到南阳攻打穰城（今河南邓县）时被乱箭射中致死。张绣跟随张济转战，由于作战英勇，这时已被提为建忠将军，封宣威侯，于是，他接管张济的余部，暂时依附刘表，占据南阳，屯驻宛城。

当时，袁绍力量强盛，而且还没有同曹操彻底闹翻，曹操不可能首先对他用兵。关中马腾、韩遂各拥强兵相争，一时无力对东边用兵，对曹操暂不构成威胁。东边的吕布是宿敌，力量不弱，对曹操的威胁也最大。曹操有意解除这一威胁，但南边的张绣虎视眈眈，如果一旦对吕布用兵，张绣乘虚袭击后方，后果不堪设想。为了除去后顾之忧，曹操决定趁张绣立足未久、根基不稳、力量还不算很强大的时候对他加以征伐。

建安二年（公元197年）正月，曹操亲率大军直扑宛城。双方力量悬殊，张绣自料难以抵敌，便在曹军进抵离宛城不远的淯水时，率众向曹操投降。不久，张绣复叛。此后，曹操又两次征伐张绣，仍无结果。建安四年（公元199年）十一月，在曹操与袁绍矛盾激化时，谋士贾诩力劝张绣投靠曹操。张绣降曹。南阳割据问题遂得以解决。

二、东讨袁术

曹操南征张绣，初战失利，带来了特别不好的影响，袁绍、袁术更加不把曹操放在眼里。老早就做皇帝梦的袁术，遂于建安二年（公元197年）春在寿春称帝，以九江太守为淮南尹，置公卿百官，并举行了祭祀天地的仪式。

袁术，字公路，司空袁逢之子，官至折冲校尉、虎贲中郎将。董卓进京，他逃到南阳；他的部将长沙太守孙坚杀掉南阳太守张咨，他便占据了南阳。关东联军讨伐董卓散伙后，他同袁绍在立刘虞为帝的问题上闹矛盾。他勾结幽州的公孙瓒反对袁绍；袁绍则联络荆州的刘表牵制他。孙坚讨伐董卓时，带兵进入洛阳，得了一块"传国玺"，上面刻着"受命于天既寿永昌"的字样。袁术硬从孙坚手中把这块玉玺抢来，为的是日后好"名正言顺"地做皇帝。

初平四年（公元193年）春，袁术被曹操打败，从南阳逃到九江后，杀扬州刺史陈瑀，占据了寿春，自任扬州牧，兼称徐州伯，李傕还以朝廷名义任他为左将军，封阳翟侯。

兴平二年（公元 195 年）冬，献帝君臣东出潼关，其护卫队伍被李傕、郭汜打败，袁术以为时机已到，便召集部属商议，表示要做皇帝，但遭到众人的反对。《后汉书·袁术传》记载：

> 初，术在南阳，户口尚数十百万，而不修法度，以钞掠为资，奢恣无厌，百姓患之。又少见谶书，言"代汉者当涂高"，自云名字应之。又以袁氏出陈为舜后，以黄代赤，德运之次，遂有僭逆之谋。又闻孙坚得传国玺，遂拘坚妻夺之。兴平二年冬，天子播越，败于曹阳。术大会群下，因谓曰："今海内鼎沸，刘氏微弱。吾家四世公辅，百姓所归，欲应天顺民，于诸君何如？"众莫敢对。主簿阎象进曰："昔周自后稷至于文王，积德累功，叁分天下，犹服事殷。明公虽奕世克昌，孰若有周之盛？汉室虽微，未至殷纣之敝也。"术嘿然，使召张范。范辞疾，遣弟承往应之。术问曰："昔周室陵迟。则有桓文之霸；秦失其政，汉接而用之。今孤以土地之广，士人之众，欲橄福于齐桓，拟迹于高祖，可乎？"承对曰："在德不在众。苟能用德以同天下之欲，虽云匹夫，霸王可也。若陵僭无度。干时而动，众之所弃，谁能兴之！"术不悦。[1]

袁术图谋称帝，过去得不到支持，现在既僭尊号，依然得不到人们的认同。他成了众矢之的。

---

[1] （宋）范晔撰：《后汉书·袁术传》，卷 75，第 2439—2440 页。

　　袁术与吕布本相安扬、徐。袁术称帝后，他们之间的矛盾进一步激化并表面化了。在这种情况下，曹操离间袁术与吕布之间的关系，开始了征伐袁术的计划。第一，封赏吕布，激化吕布、袁术之间的矛盾。第二，笼络孙策，让其联兵讨术。在利用吕布、孙策以打击袁术的策略获得成效后，建安二年（公元197年）秋九月，曹操率军东征袁术。色厉而内荏的袁术听说曹操亲自率军东来，自知不敌，匆匆弃军而走，留其将桥蕤等据蕲阳以抗操军。曹操打败桥蕤等。袁术走渡淮水，又加天旱岁荒，士民冻馁，自此一蹶不振。

　　袁术前为吕布所破，后被曹操所败，兵弱将死，众叛亲离，府库空虚，不能自立。穷途末路，没有办法，遂于建安四年（公元199年）夏，烧宫室，投奔其部下雷薄、陈兰于潜山（今安徽霍山）。雷等拒绝接纳。袁术更加陷入困境，于是遣使归帝号给袁绍。同时，袁术想北至青州投靠其侄子袁谭。袁谭自青州迎术，欲从下邳北过。曹操使刘备及将军朱灵进行阻击。术不得过，复回寿春。六月，至江亭，问厨下粮食情况，厨下告"尚有麦屑三十斛"；时盛暑，想弄点蜂蜜冲水喝，弄不到。袁术看到如此惨状，坐在床上叹息良久，乃大咤曰："袁术乃至是乎！"因愤慨结病，呕血斗余而死。[①]袁术死后，其部众的很大部分归降了孙策。

　　曹操讨灭袁术，用兵不巨，战斗不多，但取得了非常理

————————

① （宋）范晔撰：《后汉书·袁术传》，卷75，第2443页。

想的结果，原因就在他的战略战术运用比较得当。其中至少可以归纳以下几点：第一，利用袁术刚刚僭号，人心不服，天下共愤之机，以汉天子之命讨伐不义。此举名正言顺，既易得众，又易长己之志气，灭敌之威风。第二，利用诸敌之间的矛盾，挑拨离间，以敌攻敌，取坐收渔翁之利。第三，赶敌南去，遏敌北走。时江淮旱荒，经济凋敝，袁术军卒甚难立足。如果袁术北走，与袁绍合军，势将难抑。第四，逼敌处于流动作战之中，使敌不仅无险可凭，而且无地可据，彻底使袁术失去了优势。[①]

三、擒杀吕布

迎献帝都许后，曹操所面临最主要的劲敌，一是北方袁绍，二是东方吕布。曹操的一切军事活动及其策略安排都是以先解决这两股势力为目标，南征张绣是为了消除后顾之忧，东伐袁术是为了削弱诸敌犄角之势。

先战袁绍，抑或先讨吕布？曹操集团经过反复讨论，曹操最终采纳荀彧的意见，先伐吕布。

吕布，字奉先，五原郡九原县（今内蒙古包头市西北）人。由于受边塞游牧民族的影响，从小就练就了一身骑马射

---

① 参见张作耀著：《曹操传》，第109页。

箭的硬功夫。他膂力过人，武艺出众，号为飞将。

不过，吕布是个反复无常、性格有缺陷的人。《后汉书·吕布传》说吕布"翻覆"，这是有事实根据的。

吕布先在并州刺史丁原（字建阳）手下为骑都尉，后为主簿。丁原待他格外亲近。灵帝死时，丁原领兵入洛阳，与何进谋诛宦官，被任为执金吾。董卓擅权后，见丁原不与其合作，便以物质引诱吕布，吕布杀了丁原投靠董卓。董卓以吕布为骑都尉，不久又升为中郎将，封都亭侯。董卓以吕布为贴身保镖，二人誓为父子。司徒王允谋诛董卓，收买吕布背叛董卓。经过一番密谋设计，最后由吕布亲手将董卓杀掉。吕布被王允提升为奋武将军，改封温侯，二人共秉朝政。董卓部将李傕、郭汜领凉州兵合力进攻长安，吕布不敌，弃城逃跑，王允被杀。此后，吕布先投靠袁术，袁术讨厌他反复无常，拒不接纳，后又投靠袁绍。吕布帮助袁绍攻打张燕黑山军时，立下战功。吕布自以为有功，便趾高气扬，不可一世。他看不起袁绍手下诸将，认为都"不足贵也"，在袁绍的地盘内，大肆抢掠，还要求袁绍给他增加军队，这引起了袁绍的不满。吕布又暗地里逃走，投归河内张杨。接着又在陈留太守张邈及陈宫的迎接下，占据曹操兖州的大部分地区。经过反复较量，曹操最后打败吕布。吕布又逃向徐州，依靠徐州牧刘备，不久就夺取徐州为己有。

建安元年（公元 196 年），袁术攻打刘备，争夺徐州，双方互有胜负，为了分化吕布同刘备的联盟，袁术给吕布写信，要他反叛刘备，并答应给他大量的军粮，兵器、战具也将陆续送到。吕布大喜，便向刘备重地下邳（今江苏睢宁县西北）发动突然袭击，刘备大败，投归曹操。曹操以刘备为豫州牧，给刘备兵粮仍屯小沛，以对付吕布。

建安三年（公元 198 年）九月间，曹操率大军向东进发，到了梁地与刘备会合，一同东进讨伐吕布。十月间，曹操进抵吕布据守的彭城。经过战斗，曹军攻下了彭城。吕布仓皇逃走，退守徐州治所下邳。十二月，吕布投降被杀，曹操解除了与袁绍决战的后顾之忧。

曹操用兵中原，历时四年，擒杀了吕布，破败了袁术，收降了张绣，击走了刘备，荡平徐淮，从而控制了黄河以南的大片地区。

接下来，曹操同袁绍逐鹿中原的大决战展开了。

四、官渡之战

曹操忙于征张绣，平吕布，讨袁术，并不断取得胜利的时候，也正是袁绍在河北地区同公孙瓒交兵，向四外扩张势力得手的时候。

袁绍字本初，汝南汝阳（今河南上蔡县西南）人，出身世代官僚地主家庭，人称"四世三公""门生故吏遍天下"，是官僚大地主的政治代表。

"三公"是指：太尉（掌管全国军事）、司徒（掌管全国政务）、司空（掌管全国监察执法）。袁安在章帝时曾任司空、司徒；袁敞在安帝时曾任司空。袁汤在桓帝时曾任司空、司徒、太尉；袁逢在灵帝时曾任司空。由于袁家四辈都有人做"三公"的官，所以人称"四世三公"。

"门生"不单指学生，也指那些投靠有名望的官僚地主门下的人。官越大，名望越高，门生也就越多。"故吏"是指旧时的属员。汉代"三公"和刺史、太守等都可以自己挑选设置属吏。属吏职位的取得以及后来的升迁，在很大程度上是靠私人关系，因此属吏对选用他的故主，怀有感恩图报的心理，彼此关系很密切。

像袁氏这样有势力的世家大族，在东汉时期影响深远。袁绍凭借这个家世，加上他善于同士人交往，很快升至中军校尉。何进谋诛宦官要依靠他，任他为司隶校尉。董卓进京专权，他反对董卓废立，董卓不敢杀他，他逃离洛阳后，董卓还任他为勃海太守，封邟乡侯，就是顾及袁氏的势力大。关东诸军讨伐董卓，推举袁绍为"盟主"，也是和他的资望分不开的。

讨伐董卓的关东联军散伙后，袁绍逐渐消灭韩馥、公孙瓒等割据势力，占据了冀、青、幽、并四州，将黄河以北地区控制在自己手中。他以长子袁谭为青州刺史，中子袁熙为幽州刺史，外甥高于为并州刺史。自己以大将军、冀州牧坐镇邺城，成为威胁曹操的一个最大劲敌。

建安四年（公元 199 年）六月，袁绍按照自己"南据河，北阻燕、代，兼戎狄之众，南向以争天下"①的战略夙志，开始具体的战略部署。"于是简精兵十万，骑万匹，欲出攻许，以审配、逢纪统军事，田丰、荀谌及南阳许攸为谋主，颜良、文丑为将帅"②。这个战略方案提出后，没有得到谋士们的一致同意。持反对意见者以三军统率沮授为代表。

沮授认为：

> 近讨公孙，师出历年，百姓疲敝，仓库无积，赋役方殷，此国之深忧也。宜先遣使献捷天子，务农逸人。若不得通，乃表曹操隔我王路，然后进屯黎阳，渐营河南，益作舟船，缮修器械，分遣精骑，抄其边鄙，令彼不得安，我取其逸。如此可坐定也。③

这是一个稳扎稳打的战略方案，其意重在三点：第一，先事休兵养民；第二，谋得出师有名；第三，以自己优势兵力抄略边界，坐待其疲而取之。

郭图、审配支持袁绍的战略，不同意沮授的意见，他们认为：

---

① （宋）司马光编著：《资治通鉴》卷 64，汉献帝建安九年，第 2056 页。
② （宋）范晔撰：《后汉书·袁绍传》，卷 74 上，第 2390 页。
③ （宋）范晔撰：《后汉书·袁绍传》，卷 74 上，第 2390 页。

> 兵书之法，十围五攻，敌则能战。今以明公之神武，
> 连河朔之强众，以伐曹操，其势譬若覆手，今不时取，后
> 图难也。①

沮授针对郭、审的意见进而从战争性质的高度作了进一
步分析，他说：

> 盖救乱诛暴，谓之义兵；恃众凭强，谓之骄兵。义者
> 无敌，骄者先灭。曹操奉迎天子，建宫许都。今举师南向，
> 于义则违。且庙胜之策，不在强弱。曹操法令既行，士卒精
> 练，非公孙瓒坐受围者也。今弃万安之术，而兴无名之师，
> 窃为公惧之。②

最终，袁绍采纳郭图、审配的进攻之策，决心对许昌用兵。

出兵前，袁绍作了如下部署：第一，以三子袁尚镇守冀
州，次子袁熙、甥高干镇州如旧，袁谭随征，以别驾王修镇
青州；第二，命军师审配、行军司马逢纪主持后方，负责粮
草运输；第三，自统大军，精兵十万，精骑万匹，以长子、
青州刺史袁谭兼大将军幕府长史，以将军颜良、文丑为前锋，
以步兵校尉高览、蒋奇、屯骑校尉张郃、越骑校尉韩荀以及
主簿陈琳、参谋许攸等从军出征，兵趋黎阳，南下攻许。

---

① （宋）范晔撰：《后汉书·袁绍传》，卷74上，第2390、2391页。
② （宋）范晔撰：《后汉书·袁绍传》，卷74上，第2391页。

针对袁绍不断变化的军事态势，曹操及其僚属也在相应探讨御敌、灭敌之策。荀彧和郭嘉均从成败不在强弱而在主帅之才智的角度为曹操做了分析，得出了绍必败，操必胜的结论。荀彧说：

> 古之成败者，诚其有才，虽弱必强，苟非其人，虽强易弱，刘、项之存亡，足以观矣。今与公争天下者，唯袁绍尔。绍貌外宽而内忌，任人而疑其心，公明达不拘，唯才所宜，此度胜也。绍迟重少决，失在后机，公能断大事，应变无方，此谋胜也。绍御军宽缓，法令不立，士卒虽众，其实难用，公法令既明，赏罚必行，士卒虽寡，皆争致死，此武胜也。绍凭世资，从容饰智，以收名誉，故士之寡能好问者多归之，公以至仁待人，推诚心不为虚美，行己谨俭，而与有功者无所吝惜，故天下忠正效实之士咸愿为用，此德胜也。夫以四胜辅天子，扶义征伐，谁敢不从，绍之强其何能为？[1]

荀彧在这里就任人、决谋、明法、待人四个方面归结为度、谋、武、德，分析了曹操胜绍之处。郭嘉则在荀彧"四胜"的基础上进一步扩充为十个方面，从而更加肯定了操必胜而绍必败的道理。

史载，曹操咨询郭嘉："本初拥冀州之众，青、并从之，

---

① （晋）陈寿撰：《三国志·魏书·荀彧传》，卷10，第313页。

地广兵强，而数为不逊。吾欲讨之，力不敌，如何？"郭嘉分析说：

> 刘、项之不敌，公所知也。汉祖唯智胜，项羽虽强，终为所禽。嘉窃料之，绍有十败，公有十胜，虽兵强，无能为也。绍繁礼多仪，公体任自然，此道胜一也；绍以逆动，公奉顺以率天下，此义胜二也；汉末政失于宽，绍以宽济宽，故不摄，公纠之以猛而上下知制，此治胜三也；绍外宽内忌，用人而疑之，所任唯亲戚子弟，公外易简而内机明，用人无疑，唯才所宜，不间远近，此度胜四也；绍多谋少决，失在后事，公策得辄行，应变无穷，此谋胜五也；绍因累世之资，高议揖让以收名誉，士之好言饰外者多归之，公以至心待人，推诚而行，不为虚美，以俭率下，与有功者无所吝，士之忠正远见而有实者皆愿为用，此德胜六也；绍见人饥寒，恤念之形于颜色，其所不见，虑或不及也，所谓妇人之仁耳，公于目前小事，时有所忽，至于大事，与四海接，恩之所加，皆过其望，虽所不见，虑之所周，无不济也，此仁胜七也；绍大臣争权，谗言惑乱，公御下以道，浸润不行，此明胜八也；绍是非不可知，公所是进之以礼，所不是正之以法，此文胜九也；绍好为虚势，不知兵要，公以少克众，用兵如神，军人恃之，敌人畏之，此武胜十也。[1]

---

① （晋）陈寿撰：《三国志·魏书·郭嘉传》注引《傅子》，卷14，第432页。

郭嘉除复述并补充了荀彧的度、谋、武、德四胜之外，又增加了道、义、治、仁、明、文六胜。曹操听了荀彧、郭嘉之言，增加了迎战的信心，他笑着对郭嘉说："如卿所言，孤何德以堪之也！"[①]

经过讨论，曹操及其诸将都很清楚，针对袁绍来犯，只有抗争一途，否则就是坐以待毙。

战略决策既定，建安四年（公元 199 年）秋八月，曹操率精兵二万，进军黎阳抗绍。同时作出如下军事部署：

第一，使琅琊相臧霸等率领精兵入青州。史载，"时太祖方与袁绍相拒，而霸数以精兵入青州，故太祖得专事绍，不以东方为念"。[②]

第二，命平虏校尉于禁屯河上，驻守延津（今河南延津北），东郡太守刘延驻白马 （今河南滑县东），以阻击袁军南下。

第三，命夏侯惇军屯敖仓、孟津，以为西面策应。

第四，九月，分兵守官渡。以裨将军徐晃、张辽率兵万人在官渡布防。

第五，争取关右诸将中立。凉州牧韦端使从事杨阜诣许观望动静，杨阜返回后对关右诸将大说曹操的好话，实际是把荀彧、郭嘉等的观点带回凉州，说"袁公宽而不断，好谋

---

① （晋）陈寿撰：《三国志·魏书·郭嘉传》注引《傅子》，卷 14，第 432 页。
② （晋）陈寿撰：《三国志·魏书·臧霸传》，卷 18，第 357 页。

而少决；不断则无威，少决则失后事，今虽强，终不能成大业。曹公有雄才远略，决机无疑，法一而兵精，能用度外之人，所任各尽其力，必能济大事者也"。[1]杨阜的一番话稳住了关右，使其至少保持了中立。

第六，使治书侍御史卫觊镇抚关中，并听从卫觊的意见派谒者仆射监盐官，司隶校尉钟繇移治弘农，从而加强了对关中的控制。

第七，争取荆州牧刘表中立。当时刘表是袁绍和曹操都想争取的对象，刘表长期与袁绍联合。刘表使从事中郎韩嵩到许，操以嵩为侍中、零陵太守。韩嵩回到荆州，"盛称曹公之德"，刘表虽怀疑韩嵩"怀贰"而囚之，但也从此定下了既不助袁也不援曹的中立政策。这对曹操来说，无疑也是一种战略上的胜利。

第八，外围布防以牵制敌人。命河内太守魏种备战于西，以知兖州事程昱率兵驻鄄城，备战于东。同时，为防意外，免除后顾之忧，以厉锋校尉曹仁率部驻守阳翟（今河南禹县）；以扬武中郎将曹洪率部驻宛县，以防刘表；以裨将军李通和汝南太守满宠驻守汝南，以防孙策。

第九，解除后方的隐患。当时，车骑将军董承受献帝衣带密诏，与刘备及偏将军王服、越骑校尉种辑等谋诛曹操。

---

① （晋）陈寿撰：《三国志·魏书·杨阜传》，卷25，第700页。

建安五年（公元 200 年）事发，曹操杀董承、王服、种辑等人，并夷其三族。接着，趁袁绍迟疑未发之际，果断出兵讨伐刘备。当时，诸将都不同意曹操亲征。郭嘉支持曹操的决定，帮助曹操做诸将的工作，他说："绍性迟而多疑，来必不速；备新起，众心未附，急击之，必败。此存亡之机，不可失也。"[①] 果然很快击败了刘备，"备败奔绍，绍果不出。"[②]

第十，命荀彧留守许昌，都督后方诸事。

对于袁绍、曹操的战略部署，论者大都以成败结局论英雄，因而多言袁绍之非而称曹操之得。其实，就当时袁绍的绝对优势兵力而言，出黎阳，战白马，经阳武，取官渡，直捣许昌不是没有可能的，问题是迟于行而疏于备，给曹操以可乘之机。固然，如果以优势之兵分几路渡河南下，会使曹操的兵力因过度分散而削弱，战略上可能会更有利。曹操的高明之处就在于他完全掌握了袁绍的战略意向，针对袁绍的直线进攻方略，不在沿河构防御敌，而是后退一步，布防官渡，以逸待劳，并且利用袁绍集团的内斗，用许攸之言成功地焚烧了乌巢军粮，才最终决定了战局的主动与最后的胜利。总的来看，如果没有其他原因而遽使战局变化，孰胜孰败应该还是不可预料的。[③]

---

① （晋）陈寿撰：《三国志·魏书·郭嘉传》注引《傅子》，卷 14，第 433 页。
② （晋）陈寿撰：《三国志·魏书·郭嘉传》注引《傅子》，卷 14，第 434 页。
③ 参见张作耀著：《曹操传》，第 123—124 页。

曹操击溃刘备，迅即返回官渡，重新部署前哨兵马，严阵以待袁绍。

袁绍在曹操趋兵而东进攻刘备，阵地空虚之时，不接受田丰"举军而袭其后"建议，现在曹操已经打败刘备，而士气正旺的时候，倒急于击操攻许了。

袁绍准备进攻许昌，别驾田丰进谏说：

> 曹操既破刘备，则许下非复空虚，且操善用兵，变化无方，众虽少，未可轻也，今不如久持之。将军据山河之固，拥四州之众，外结英雄，内修农战，然后简其精锐，分为奇兵，乘虚迭出，以扰河南，救右则击其左，救左则击其右，使敌疲于奔命，人不得安业，我未劳而彼已困，不及三年，可坐克也。今释庙胜之策而决成败于一战，若不如志，悔无及也。[①]

应该说，田丰所献的疲敌战略是正确的。但袁绍刚愎自用，非但听不进去，还以为田丰是有意"沮众"，令人将其铐上大架，押回邺城大牢。

田丰被囚，诸将无复敢言。袁绍即命陈琳作檄文，发往各州郡，数操罪恶。檄文对曹操做了完全否定，很有煽动力、感染力。讨操檄文发出后，袁绍遂于二月进军黎阳。时袁绍的属将，甚至是一些主要将领对讨伐曹操都毫无信心。沮授

---

① （宋）范晔撰：《后汉书·袁绍传》，卷6，第200页。

临行，散资财给其宗族，悲观地对其弟说："以曹兖州之明略，又挟天子以为资，我虽克伯珪（公孙瓒），众实疲敝，而主骄将忕（侈），军之破败，在此举矣。"[1] 相反，曹操诸军倒是豪气十足。振威将军程昱以七百兵守鄄城，曹操想给他增兵二千，昱不肯，操誉"程昱之胆，过于贲、育"[2]。贲指孟贲，育指夏育，皆古之勇士。

袁绍遣其将郭图、淳于琼和颜良渡河攻东郡太守刘延于白马（今河南滑县境）。夏四月，曹操北救刘延，荀攸对曹操说："今兵少不敌，分其势乃可。公到延津，若将渡兵向其后者，绍必西应之，然后轻兵袭白马，掩其不备，颜良可禽也。"[3] 曹操采纳了荀攸的计策，引兵西向延津。袁绍闻操将渡河击其后，立即分兵西应；操乃引军东趋白马，直到离颜良营地十余里，颜良才发现曹军，大惊，仓促迎战。操使裨将军张辽、偏将军关羽（此前，正月曹操击溃刘备，擒关羽以归，拜偏将军）为先锋率先击敌，关羽"望见良麾盖，策马刺良于万众之中，斩其首还，绍诸将莫能当者，遂解白马围。"[4] 曹操"声东击西"的军事战术获得了圆满成功。关羽斩颜良立了大功，曹操表封羽为汉寿亭侯。

---

① （宋）范晔撰：《后汉书·袁绍传》，卷 74 上，第 2399。

② （晋）陈寿撰：《三国志·魏书·程昱传》，卷 14，第 428 页。

③ （晋）陈寿撰：《三国志·魏书·武帝纪》，卷 1，第 19 页。

④ （晋）陈寿撰：《三国志·蜀书·关羽传》，卷 36，第 939 页。

曹操解白马围，然后"徙其民，循河而西"。袁绍气极，渡河追操。沮授谏阻袁绍说："胜负变化，不可不详。今宜留屯延津，分兵官渡，若其克获，还迎不晚。设有其难，众弗可还。"绍不从，授知必败，在即将渡河的时候不禁长叹："上盈其志，下务其功，悠悠黄河，吾其不反乎！"①遂以疾辞。袁绍对沮授既阻其军，又要辞官，非常痛恨，于是又分其所部兵马一部归郭图统率。

袁绍军至延津南，操勒兵驻营白马山南阪下，立即酝酿成诱敌深入之计。不久，绍将文丑和刘备将五六千骑先后来到，曹操于是纵兵而出，大破绍军五六千骑，又出其不意斩袁绍大将文丑。

颜良、文丑皆袁绍名将。刚刚接战，袁绍即失两员大将，全军震动，为之夺气。曹操斩颜良、诛文丑，首战告捷，均为谋胜而非兵胜。这是曹操军事思想的胜利。

曹操斩颜良、诛文丑后，军还官渡，袁绍则屯阳武，两军处在相持态势中。从七月到九月，双方交战互有伤亡，战争处在一个胶着的状态。

时，曹操众少粮尽，士卒疲乏，百姓困于征赋，不少人叛归袁绍；后方官员，甚至许昌的官员和军中的将领，也有暗通袁绍者。曹操忧虑，写信给留守于许的荀彧，商量放弃

---

①　（宋）范晔撰：《后汉书·袁绍传》，卷74上，第2399页。

官渡而还保许的事，荀彧立即回信说：

> 今军食虽少，未若楚、汉在荥阳、成皋间也。是时刘、项莫肯先退，先退者势屈也。公以十分居一之众，画地而守之，扼其喉而不得进，已半年矣。情见势竭，必将有变，此用奇之时，不可失也。[①]

曹操于是顶住困难，坚壁对敌，同时积极窥测动向，捕捉战机，谋划用奇而制敌。制敌之法首先是在袁绍的军粮方面打主意。

时探子报，有袁绍运粮车千乘至官渡，曹操用荀攸言，即以偏将军徐晃和史涣击走袁绍护粮将韩猛，烧其辎重。

冬十月，袁绍再次遣车运粮，使其将淳于琼等率兵万余人护送，宿袁绍本营以北四十里之故市、乌巢。沮授怕有失，劝袁绍另派步兵校尉蒋奇率军在外保护，以防止曹操偷袭，袁绍不听。此期间，谋士许攸向袁绍进乘虚攻许之策，说："曹操兵少而悉师拒我，许下余守，势必空弱。若分遣轻军，星行掩袭，许拔则操成禽。如其未溃，可令首尾奔命，破之必也。"[②]但此策为袁绍所拒绝。许攸怒，投奔曹操。曹操闻许攸来，来不及穿鞋子，赤足出迎，抚掌笑曰："子远，卿

---

① （晋）陈寿撰：《三国志·魏书·荀彧传》，卷 10，第 314 页。
② （宋）范晔撰：《后汉书·袁绍传》，卷 74 上，第 2400 页。

来，吾事济矣。"① 于是曹操纳许攸轻兵奇袭乌巢的奇策，留曹洪、荀攸守营，亲自率领步骑五千人，深入敌后，斩杀淳于琼，尽焚乌巢袁绍的粮草辎重。

袁绍闻曹操袭乌巢，不听张郃"先往救之"的意见，仅以轻骑救淳于琼，而以重兵攻操老营。结果因为粮草尽毁，军心溃散，袁绍大败。张郃、高览等降操。袁绍与袁谭等弃军去，仅与八百骑渡河，至黎阳北岸，入其将军蒋义渠营。此役，曹军凡斩首七万余级，获得辎重财物巨亿。

官渡之战操胜绍败。曹操为什么能够以少胜多，战败袁绍？

探其原因，范晔和司马光认为："绍为人宽雅，有局度，喜怒不形于色，而性矜愎自高，短于从善，故至于败。"②

从曹操方面分析，原因至少有以下几点。

第一，奉天子以令不臣，其众虽少，却是王者师，出师有名，讨逆伐邪，正义在己。正义之师，其气自盛，其势易壮。两军相敌，义者胜。

第二，长于从善。曹操也有刚愎自用的时候，但在对待袁绍，特别是官渡之战期间，曹操自始至终都很注意听取属下意见，而且随时融入自己的思想，变为行动。他采用了荀彧、荀攸、贾诩等谋臣和新投来附的许攸的建议，这些建议

---

① （晋）陈寿撰：《三国志·魏书·武帝纪》注引《曹瞒传》，卷1，第21页。
② （宋）范晔撰：《后汉书·袁绍传》，卷74上，第2402页。

都发挥了关键作用。相反，袁绍完全是另外一种样子，田丰、沮授、许攸、张郃的正确意见，全被拒绝。

第三，将士精练。曹操以比袁绍少得多的兵力抗袁绍，虽然有时将领也有畏惧表现，但总的来说，士气较高。原因就在将士训练有素。如凉州从事杨阜说操"法一而兵精"，沮授称"北兵虽众而劲果不及南"等等。

第四，善于用奇。操善用兵，世所公认。自己的人中，郭嘉誉其为"得策辄行，应变无穷"；敌方的谋臣，田丰称其为"变化无方（没有一定之规），众虽少，未可轻也"。诸如在官渡之战中，"声东击西"趋兵救白马，斩颜良；饵敌轻进斩文丑；抓住时机，巧用时间差，击溃刘备；坚壁守垒以老绍兵；出其不意纵兵烧敌辎重；置军死地而尽燔敌之粮谷等等。

第五，曹操善战有名，具有慑敌之威。凡重要战役，曹操均亲临前线，直接指挥，而且敢于让敌骑逼己"背后"，一鼓而战之。致使敌军望见曹操"旌旗"即已胆怯，不战而溃。①

官渡之战，改变了袁曹之间的力量对比格局，曹操由劣势转化成为优势。接下来，便是曹操如何进一步消灭袁氏残余势力，统一北方的问题了。

---

① 参见张作耀著：《曹操传》，第134—135页。

五、收定河北

官渡之战胜利后，曹操考虑用兵的方向。这时在南方除刘表控制的荆州外，还有孙权控制江东。曹操见袁绍元气大丧，对自己已不构成威胁，打算趁江东孙策刚死，孙权刚继承兄业、统治不稳的时机，先进兵江东。这时原为孙策官员、现为曹操手下侍御史的张纮劝阻说："乘人之丧，既非古义，若其不克，成仇弃好，不如因而厚之。"① 曹操从善如流，于是表举孙策之弟孙权为讨虏将军，领会稽太守，并以张纮为会稽东部都尉。同时表征孙权之豫章太守华歆到许为议郎，参司空军事。

建安六年（公元 201 年）春，曹操将军队集中到兖州东平国进行休整。曹操又考虑回师南下去攻打长期和袁绍同盟的刘表。荀彧等人不同意，认为主要威胁依然是北方袁绍。荀彧对曹操说："今绍败，其众离心，宜乘其困，遂定之；而背兖、豫，远师江、汉，若绍收其余烬，乘虚以出人后，则公事去矣。"② 曹操听从了荀彧的意见，又打消了南征刘表的念头；决定进军河北，克平四州，彻底消灭袁氏势力。

这年四月，曹操见袁绍集结兵力在仓亭（古黄河渡口，

---

① （晋）陈寿撰：《三国志·吴书·张纮传》，卷 53，第 1244 页。
② （晋）陈寿撰：《三国志·魏书·荀彧传》，卷 10，第 314 页。

今山东范县东北），便集中兵力一举打败袁绍仓亭军，袁绍逃回邺城。

九月间，曹操回到许都，不久，又亲自率兵南征在汝南的刘备和龚都。刘备自知敌不过曹操，同关羽、张飞、赵云等率领不多的人马到荆州投靠了刘表，龚都等人不愿跟随刘备南去，也各自逃散了。曹操肃清汝南的心腹之患后，又回到许都进行休整。

接着，曹操率军进驻官渡，作进军河北的准备。

建安七年（公元202年）夏五月，袁绍突然发病吐血而死。

袁绍死后，袁氏集团虽然失去了主帅，但仍有一定势力。袁绍的小儿子袁尚，成为袁绍的继承人，为冀州牧，治邺城（今河北临漳县西南）；长子袁谭仍为青州刺史，治临淄（今山东淄博市东北）；中子袁熙仍为幽州刺史，治蓟城（今北京城西南角）；外甥高干仍为并州刺史，治晋阳（今山西太原市西南）。河北四州之地，基本上还控制在袁氏集团手中。

九月间，曹操率军渡过黄河，进攻袁谭。袁谭接战失利，向袁尚告急，袁尚怕黎阳有失，留下审配守邺城，亲自领兵赶赴黎阳。

袁尚、袁谭在黎阳城外，和曹操多次交手，都遭到失败，只得退到城中固守。曹军将黎阳城围住，一时也未能攻打下来。

在此期间，袁尚派他所任命的河东（属司隶）太守郭援，同并州刺史高干，联络驻在平阳（属河东郡，今山西临汾县西南）的匈奴单于呼厨泉，共同发兵进攻河东，占据了不少地方。郭援等还派人与关中诸将联络，马腾等暗中同意与其配合。

针对这种情况，曹操派司隶校尉钟繇去解救。钟繇一方面进兵平阳将呼厨泉围困起来，一方面派张既去马腾处，陈说利害。马腾被说服，改变了态度，派长子马超率领一万多人去支援钟繇。结果大败郭援军，郭援又被马超的部将庞德斩杀于汾水上。呼厨泉单于见势不支，也向钟繇投降。

建安八年（公元203年）二月，曹操率军奋力进攻黎阳，袁尚、袁谭出城迎战，被曹操打败。袁尚、袁谭见支持不住，便放弃黎阳，率部逃回邺城。曹操乘胜追击，四月间到达邺城。邺城守备坚固，曹操听从郭嘉"急之则相持，缓之而后争心生，不如南向荆州若征刘表者，以待其变，变成而后击之，可一举定也"①的献策，遂示以南征刘表的假象，五月，率军还许，然后大张旗鼓"南征"。果如曹操、郭嘉所料，不久，袁氏兄弟反目，袁谭攻袁尚，谭败，兵还南皮（今县）；袁尚率兵攻谭，谭又败，奔平原（今县）。谭不懂得"唇亡齿寒""兄弟阋于墙"的严重后果，竟遣辛评之弟辛毗向曹操求救。时，操已耀兵南下，军驻西平（治今河南西平西）。辛毗至西平见操，转达袁谭求救之意。因为军已南向，群下多以

---

① （晋）陈寿撰：《三国志·魏书·郭嘉传》，卷14，第434页。

为刘表强，袁氏兄弟不足忧，应该先平刘表。荀攸则支持曹操、郭嘉之预谋，认为应该乘乱而取河北。荀攸做了两方面的分析，一是认为刘表虽强但不可怕，"天下方有事，而刘表坐保江、汉之间，其无四方之志可知矣"；二是指出袁氏仍有势力，如果"二子和睦以守其成业，则天下之难未息也。今兄弟构恶，此势不两全。若有所并则力专，力专则难图也。及其乱而取之，天下定矣，此时不可失也"①。辛毗实际也完全站在曹操的立场上，劝操取河北，指出"四方之寇，莫大于河北；河北平，则六军盛而天下震"②。既有人谋，又是天赐良机，曹操自然不会失去这个大好的机会。于是，他应袁谭之请救谭，十月至黎阳。袁尚得知曹操又一次渡河，遂解平原之围而返回邺城。

建安九年（公元 204 年）七月，曹操占据邺城。曹操围邺期间，袁谭复叛。到建安十二年（公元 207 年），曹操大败袁谭残军，杀袁谭。袁尚、袁熙逃亡辽东乌桓。河北至此底定。

经过中原逐鹿，半壁江山已经为曹操所掌握。

---

① （晋）陈寿撰：《三国志·魏书·荀攸传》，卷 75，第 2449 页。
② （晋）陈寿撰：《三国志·魏书·辛毗传》，卷 25，第 696 页。

第四章　远征乌桓

乌桓是古代居住在中国东北方的少数民族。东汉末年，乌桓的势力逐渐强大起来。乌桓首领与袁绍集团相互借力，割据辽东，成为曹操消灭袁氏残余势力的障碍。建安十二年（公元207年），曹操北征，八月，大败乌桓。平定三郡乌桓之后，曹操把被乌桓过去掠去和逃亡乌桓地区的十多万汉族民众带回内地，还挑选乌桓的一些骑兵编入自己军队，成为"天下名骑"，在以后的战争中，起了不小的作用。

一、潜师出塞

乌桓，也叫乌丸，"本东胡也。汉初，匈奴冒顿灭其国，余类保乌桓山，因以为号焉。俗善骑射，弋猎禽兽为事。随水草放牧，居无常处。以穹庐为舍，东开向日。食肉饮酪，以毛毳为衣，贵少而贱老，其性悍塞。"①

东汉初年，乌桓主要居住在今辽宁西部和河北东北部，处于由原始公社制向奴隶制过渡时期。乌桓各部大人也逐渐贵族化。光武帝刘秀曾封他们大小首领八十余人为侯王，并设置护乌桓校尉统治他们。乌桓和内地的汉族，在相当长的时期内互相贸易，相安无事。

东汉末年，乌桓的势力逐渐强大起来。他们大体上分为四个部分：一是在上谷郡，大人为难楼；二是在辽西郡，大人为丘力居；三是在辽东属国，大人为苏仆延；四是在右北平郡，大人为乌延。这四个地区都属于幽州。中平四年（公元187年）中山太守张纯，曾勾结乌桓辽西部大人丘力居等，反抗朝廷，借以扩张自己势力，没有成功。丘力居死后，他侄儿蹋顿即位。由于蹋顿武勇有谋略，得到各部拥护，他就成了辽东属国、上谷、右北平三部乌桓的首领。

袁绍和公孙瓒连年战争时，袁绍也利用乌桓力量攻打公

---

① （宋）范晔撰：《后汉书·乌桓传》，卷287，第1657页。

孙瓒。建安四年（公元 199 年），袁绍打败公孙瓒后，假托汉献帝名义，封蹋顿为乌桓单于，封辽东属国乌桓大人峭王苏仆延为左单于，封右北平乌桓大人汗鲁王乌延为右单于。不久，由于丘力居的儿子楼班长大，上谷郡的乌桓大人难楼和苏仆延率领其部下推奉楼班为单于。蹋顿退居为王，但仍掌握着乌桓实权。

袁绍死后，曹操同袁谭、袁尚等人进行战争时，辽东属国、辽西、右北平三部乌桓继续为袁氏效力。曹操进军南皮，将要攻打袁谭时，苏仆延想派乌桓骑兵去支援袁谭，曹操派牵招前去陈说利害，加以制止。袁尚、袁熙逃到辽西后，曾唆使乌桓发兵攻击曹操所置的右度辽将军鲜于辅于犷平，被曹操率兵击败。

先是"三郡乌丸承天下乱，破幽州，略有汉民合十余万户"[1]，"及绍子尚败，奔蹋顿，时幽、冀吏人奔乌桓者十万余户，尚欲凭其兵力，复图中国"[2]。

乌桓势力本来就是为袁氏所用，现在袁氏兄弟来投，与之相结，顿时成为曹操北方的严重威胁。对曹操来说，乌桓与袁氏兄弟的残余势力，不除不足以安定幽、冀，更不能南下江、汉以击刘表、取孙权。如谋大业，从大局考虑，乌桓不能不伐。

① （晋）陈寿撰：《三国志·魏书·武帝纪》，卷 1，第 28 页。
② （宋）范晔撰：《后汉书·乌桓传》，卷 90，第 2984 页。

面对这种情况，曹操为了消灭袁氏残余势力，彻底统一北方，准备远征乌桓。

为了解决远征中的军粮运输问题，曹操组织人力开了两条渠道。一条从呼沲（今滹沱河）凿渠入狐水（潞龙河上流之沙河，名平虏渠；一条从沟河口凿渠入潞河（白河），通勃海，名泉州渠。这既便于军粮运输，也便利于农业生产。

建安十二年（公元 207 年）二月，曹操东征回到邺城，大封功臣后，便考虑远征乌桓的问题。

远征乌桓，并不是一件简单的事情。出兵之后，荆州的刘表是否会乘虚袭击许都，这是必须首先考虑的大问题。对此，曹操专门召集手下文武官员商议。据载，很多将领不同意即征乌桓，理由是："袁尚，亡虏耳，夷狄贪而无亲，岂能为尚用？今深入征之，刘备必说刘表以袭许。万一为变，事不可悔。"[①] 但谋士郭嘉则极力赞同远征。

郭嘉说：

> 公虽威震天下，胡恃其远，必不设备。因其无备，卒然击之，可破灭也。且袁绍有恩于民夷，而尚兄弟生存。今四州之民，徒以威附，德施未加，舍而南征，尚因乌丸之资，招其死主之臣，胡人一动，民夷俱应，以生蹋顿之心，成觊觎之计，恐青、冀非己之有也。表，坐谈客耳，自知才不足

---

① （晋）陈寿撰：《三国志·魏书·武帝纪》，卷 1，第 29 页。

以御备，重任之则恐不能制，轻任之则备不为用，虽虚国远
征，公无忧矣。①

郭嘉的分析很透彻，一是乌桓无备，可掩而袭之；二是
袁氏仍有影响，但袁氏兄弟尚未把势力收拢起来；三是刘表
"坐谈客耳"，不足忧。郭嘉的话，坚定了曹操的决心，遂起
兵北上。

五月，重兵至易（今河北雄县北）。郭嘉觉得行军迟缓
必误大事，因催促曹操说："兵贵神速。今千里袭人，辎重
多，难以趣利，且彼闻之，必为备，不如留辎重，轻兵兼道
以出，掩其不意。"②曹操听从郭嘉意见，轻兵急进，很快便
到达了无终（今天津蓟县）。时值夏雨季节，军不能行，及至
秋七月间，雨水更大，滨海低洼之地"泞滞不通"，而且诸多
要塞关口都有乌桓兵把守，军队很难通过。正在这时，当地
人田畴向曹操提出了一个好主意，对曹操征伐乌桓起到了关
键性的作用。

田畴，字子泰，右北平无终县（今河北省玉田县）人。
喜好读书，擅长击剑。二十二岁时，为幽州牧刘虞从事。刘
虞被公孙瓒杀害后，田畴率宗族及徒附数百人避乱于徐无山
（今河北玉田县北）山中。田畴在山中平敞的地方修造房屋

---

① （晋）陈寿撰：《三国志·魏书·郭嘉传》，卷14，第434页。
② （晋）陈寿撰：《三国志·魏书·郭嘉传》，卷14，第434页。

居住，开垦土地，赡养父母，自给有余。四方百姓纷纷投归，数年之间达五千多家。于是田畴率领大家建造城邑，订立法度，兴办学校，整顿社会风气，影响越来越大。袁绍父子多次请田畴出来，还给他将军印绶，都被田畴拒绝了。田畴不满乌桓侵扰内地，想讨伐乌桓，但力量不够。曹操率军到达无终前，听说了田畴的情况，就派人去请田畴。田畴随同使者到军前拜见曹操，曹操任命他为司空户曹掾。当曹操同田畴谈过话之后，第二天又任命田畴为蓚县令，但让他暂不赴任，先随军北征。

到达无终后，由于田畴很了解当地情况，曹操同他商量如何进军。田畴告诉曹操说："沿海这条道路，夏秋时节，经常涨水，浅的地方不能通车马，深的地方又不能行船，这种困难局面，已经延续很久了。过去右地平郡治在平冈（今河北平泉县东）时，有条从卢龙塞（今河北喜峰口）到柳城（今辽宁朝阳市南）的路。这条路虽然从光武帝建武年间以来，已经毁坏断绝将近二百年，但还有一条小路可以通行。现在乌桓以为我大军在无终被阻，不得前进，放松了戒备。我们如果马上改变方向，回军绕道，悄悄地从卢龙塞越险经过白檀（今河北宽城满族自治县），出空虚之地，路近而便，掩其不备，蹋顿可以不战而擒。"

曹操采纳了这个建议，立即引兵退回无终，并派人在路旁立下大木牌，上面写着："方今暑夏，道路不通，且待秋冬，再行进军。"以此来迷惑敌人。蹋顿得到骑兵报告这一情况后，信以为真。

曹操在田畴带领下，上了徐无山，越过卢龙塞，跨过白檀，经过平冈，登上离蹋顿的大本营柳城只有二百多里的白狼堆（今辽宁建平县南）。这时（八月），乌桓王蹋顿和袁尚、袁熙才得知曹军到来的消息，慌忙与辽西单于楼班、右北平单于乌延等，率数万骑兵迎战曹军于凡城（今辽宁朝阳市附近）。

当时蹋顿率领的联军人马比较多，曹军辎重在后，前边披甲的战士不多，不少人有些担心。曹操镇定地将军队稳住阵脚，不马上出战，然后登上高处观察敌情。他见敌军虽然人数不少，但彼此分散，阵容并不整齐。这时，大将张辽意气风发，主张力战，曹操便以张辽为前锋，率众出击。

张辽居高临下，一马当先，率骑兵向敌军冲击，蹋顿联军抵挡不住，节节败退。曹军乘势追击，杀死敌军无数，敌军四散溃逃。蹋顿在逃跑时，被曹纯的部骑擒获，当即斩首。曹操挥师前进，扩大战果，到达柳城时，汉族和少数民族投降、归附者有二十多万人。

这时走投无路的袁尚、袁熙及苏仆延、楼班、乌延等人，率领少数残兵，逃往辽东郡，投靠辽东太守公孙康去了。

曹操进入柳城后，有人主张乘胜追击袁氏兄弟，斩草除根。曹操说："我要让公孙康斩袁尚、袁熙首级送来，不需要再劳师远征了。"大家听了，有些迷惑不解。

曹操将军队在柳城进行短暂休整后，于九月间，班师南还。

不久，公孙康果然将袁氏兄弟及苏仆延、楼班、乌延等人杀掉，并派人把他们的首级给曹操送来，表示归附。对此，手下人问曹操说："您收兵南还，而公孙康却斩二袁之首来献，这是什么原因呢？"曹操笑着回答说："公孙康素来畏惧袁尚等，二袁投降他之后，如果我们攻打他们急了，他们就会联合起来对付我们；如果我们暂时不去攻打他们，他们之间就要不信任，互相残杀起来，这是势所必然的。"

大家听后，才明白了其中的道理。曹操立即任命公孙康为左将军，封襄平侯。

曹操打败乌桓，消灭袁氏残余势力，表明他已彻底占据幽州，这意味着他在北方发动的兼并战争已经取得了最后胜利。

平定三郡乌桓之后，曹操把被乌桓过去掠去和逃亡乌桓地区的十多万汉族人带回内地，还挑选乌桓的一些骑兵编入自己军队，成为"天下名骑"，在以后的战争中，起了不小的作用。

对于北伐乌桓的成功，曹操极为重视，也十分高兴。这对于他的事业来说，是又一次重大的正确的决策。第一，征服乌桓，稳定了北方；第二，彻底消灭袁氏势力，根除了心腹之患；第三，公孙康内附，幽、冀不再有重大反对力量存在。这些都表明，曹操完成了统一北方的事业，结束了中原地区长期混战的局面，这在客观上对东汉末年社会经济的恢复和发展，无疑起到了积极的作用。

二、东临碣石有遗篇

曹操班师回来，走的是南线。当他经过渤海之滨，登上碣石山（今河北昌黎县北、秦皇岛市西南），俯瞰脚下奔腾澎湃的大海，迎着萧瑟的秋风，遥望远处时隐时现的岛屿，想起经过艰苦奋战得来不易的胜利，心情无比激动，挥笔写下了《观沧海》一诗：

> 东临碣石，以观沧海。
> 水何澹澹，山岛竦峙。
> 树木丛生，百草丰茂。
> 秋风萧瑟，洪波涌起。
> 日月之行，若出其中。
> 星汉灿烂，若出其里。
> 幸甚至哉，歌以咏志。①

这首诗描写了大自然的风光，气势雄伟，把日月、星辰、山海、树木、花草、秋风、洪波汇于一体，展示了曹操热爱壮阔山河的情怀。诗中从水写到山，从树写到草，从风写到波，从日月写到星汉，立体的画面，特别是那大海吞吐日月星辰的壮阔气势，表达了曹操奋发进取的豪迈襟怀。

---

① （三国）曹操著：《曹操集》，第 11 页。

一千六百多年后的 1954 年夏，毛泽东在《浪淘沙·北戴河》一词中，曾提到曹操北征乌桓和他的这首诗：

> 往事越千年，魏武挥鞭，东临碣石有遗篇。萧瑟秋风今又是，换了人间。

在这首词中，毛泽东对曹操远征乌桓，消灭袁氏残余势力，完成北方的统一事业，给予了高度的肯定。但曹操毕竟是传统时代的政治家，他的文治武功又哪能和今天中国共产党的伟大事业相比呢！时代毕竟不同了，已经"换了人间"。

在班师途中，有一件事使曹操很伤感，就是他的重要谋士郭嘉病死了，年仅三十八岁。曹操痛心地对荀攸等人说："诸君年皆孤辈也，唯奉孝最少。天下事竟，欲以后事嘱之，而中年夭折，命也夫？"[1]接着，曹操上表汉献帝，请求给郭嘉增加封赏。表文中说：

> 军祭酒郭嘉，自从征伐，十有一年。每有大议，临敌制变。臣策未决，嘉辄成之。平定天下，谋功为高。不幸短命，事业未终。追思嘉勋，实不可忘。可增邑八百户，并前千户。谥乐贞侯。子奕嗣。[2]

---

① （晋）陈寿撰：《三国志·魏书·郭嘉传》，卷 14，第 435 页。
② （晋）陈寿撰：《三国志·魏书·郭嘉传》，卷 14，第 435 页。

曹操还给在朝中的荀彧写信，对郭嘉的才干和忠诚进行热情的赞扬，对郭嘉的死表示深切的悼念。

曹操在班师途中，还留有《龟虽寿》等诗，诗中写道：

> 神龟虽寿，犹有竟时。
> 腾蛇乘雾，终为土灰。
> 老骥伏枥，志在千里。
> 烈士暮年，壮心不已。
> 盈缩之期，不但在天。
> 养怡之福，可得永年。
> 幸甚至哉，歌以咏志。①

前边写，传说中可以活三千年的神龟，终有死亡的一天；能够腾云驾雾的"龙蛇"，也免不了终要化为尘土，人终究是要死的。中间写，人在有生之年，就要努力奋斗不懈，以无愧于平生。这一年曹操五十三岁，已经进入"暮年"，但他要像伏在马厩里的老骥一样"志在千里"。他胸中激荡着驰骋千里的豪情壮志，要继续为统一大业，努力奋斗。后边写，曹操认识到，人的寿命有长有短，这不仅仅在于自然，如果能够讲究养生之道，精神愉快，懂得"养怡"，也是可以益寿延年的。这表明，曹操要争取更多的时间，希望能在有限的光

---

① （三国）曹操著：《曹操集》，第11页。

阴里，实现自己的抱负①。

　　曹操不愧为朝气向上的一代政治家。他的这种志在千里、积极进取的精神，是值得赞颂的。

---

　　① 参见柳春藩著：《魏武帝大传》，中华书局 2016 年版，第 143—145 页。

第五章　兵败赤壁

曹操身居丞相，控制汉室，挟天子以令诸侯，虽然有觊觎汉室之心，但在群雄割据、条件尚不成熟的时候，他始终是把挟天子以令不臣作为谋取统一大业的必要手段，而并不急于废帝自立。他曾明言："设使国家无有孤，不知当几人称帝，几人称王。"这绝不是虚言。公元207年，曹操刚刚大败乌桓，就立即兵锋南向，消灭刘表割据力量，并准备渡江消灭孙权、刘备等江东割据力量，企图统一中国。然而天意弄人，公元208年十一月，曹操在与孙刘联军在赤壁决战中失败。赤壁战后，三足鼎立之势已成，曹操急剧发展的势头受到抑制，实现国家统一终归因此而成为他内心深处永远的残梦。

一、统一之梦

曹操是大一统论的积极支持者。远征乌桓胜利回到邺城后，他便考虑南征荆州刘表（包括刘备）和进而讨伐江东孙权的问题，以便早日实现国家统一。

刘表，字景升。东汉末年名士，是"八俊"之一。初平元年（公元 190 年），任荆州刺史（后改为荆州牧）。曹操统一北方期间，刘表一直不与曹操合作，有时还公开以武力为敌。曹操向河南用兵时，刘表出兵支持张绣；官渡之战时，刘表与袁绍相勾结，只是没有发兵支援；刘备反对曹操，被打败，逃往荆州，刘表接纳了他，让他屯驻新野（今河南新野县），作为曹操南下的屏障。

在群雄逐鹿中原期间，刘备虽然有雄心壮志，但因为根基太浅始终没有机会长久拥有一个固定地盘。他先后辗转依附公孙瓒、陶谦、曹操、袁绍、刘表等，四处奔命，寄人篱下，前程渺茫。在荆州期间，经司马徽和徐庶的先后推荐，建安十二年（公元 207 年）十月，刘备亲自到隆中"三顾茅庐"，请诸葛亮出山辅佐自己，从而影响了时局的变化。

诸葛亮，字孔明，琅玡国阳都县（今山东沂南县）人。由于父母去世早，诸葛亮由叔父诸葛玄抚养。东汉末年北方战乱，诸葛玄带着诸葛亮等投靠荆州牧刘表。几年后，诸葛玄去世，诸葛亮就在襄阳(今湖北襄阳市)以西二十里的隆中，定居下来。诸葛亮在隆中居住耕读了十年（公元 197—207

年），常把自己和春秋战国时期的名相管仲、良将乐毅相比，表明他立志要兼有将相的才能，干出一番轰轰烈烈的事业来。

刘备到隆中拜请，诸葛亮见刘备态度诚恳，反对曹操擅权、兴复汉室的政治目标同自己一致，便向刘备谈了自己对当时形势的看法，认为曹操虽然是主要敌人，但由于他力量强大，有智谋英武之士辅佐，又有"挟天子以令诸侯"的有利地位，暂时还不能同他争锋；孙权占据江东，地势险要，民众归附，有德才的人为他效力，可以与他联合；刘表占据的荆州，是个战略要地，但刘表却没有能力守住它；刘璋占据的益州，地势险要，沃野千里，号称天府之国，但刘璋不知如何治理它。在此基础上，诸葛亮为刘备提出了占领荆州、益州作为基业，促成三分鼎立，进而兴复汉室，统一全国的战略和策略的主张。

刘备赞同诸葛亮隆中对策，并热情地邀请诸葛亮出来辅佐自己。诸葛亮答应了他的要求。

诸葛亮来到刘备军中，立即帮助刘备扩大军队，用清查"游户"的办法，很快将军队由数千人扩大到数万人。

此时，刘表重病在身，荆州统治集团内部矛盾重重。这为曹操南征荆州提供了机会。

再说江东的孙权。

孙权，字仲谋，聪明而有决断。他继承父兄的基业，拥有六郡（会稽、丹阳、吴郡、豫章、庐陵、庐江）地盘，依靠张昭、周瑜、鲁肃等人的帮助，成为江东最大的力量。有一次，孙权咨询鲁肃："今汉室倾危，四方云扰，孤承父兄余业，思有桓文之功。君既惠顾，何以佐之？"肃对曰："昔高帝区区欲尊事义帝而不获者，以项羽为害也。今之曹操，犹昔项羽，将军何由得为桓文乎？肃窃料之，汉室不可复兴，曹操不可卒除。为将军计，惟有鼎足江东，以观天下之衅。规模如此，亦自无嫌。何者？北方诚多务也。因其多务，剿除黄祖，进伐刘表，竟长江所极，据而有之，然后建号帝王以图天下，此高帝之业也。"① 孙权对鲁肃的见解很是佩服。

建安七年（公元 202 年），曹操因打败袁绍，势力强盛，写信给孙权，要他送子弟去做人质。孙权召集僚属商议对策。张昭、秦松等人犹豫不决。周瑜则反对送人质，最后孙权接受了周瑜的意见，没有送人质。这意味着孙权同曹操抱着对立的态度。

建安八年（公元 203 年），孙权按照鲁肃的建议，开始讨伐刘表的江夏太守黄祖。黄祖败退至夏口（今湖北武汉市），闭城不出。孙权围攻不克，又接到丹阳、豫章、庐陵等地山越反叛的消息，便领兵退还。建安十二年（公元 207 年），孙权再次西征黄祖，在进军途中听到母亲吴氏病危的消息，又领兵退还。建安十三年（公元 208 年）春，孙权采纳大将甘宁献策：

---

① （晋）陈寿撰：《三国志·吴书·鲁肃传》，卷 54，第 1168 页。

今汉祚日微，曹操弥憍，终为篡盗。南荆之地，山陵形便，江川流通，诚是国之西势也。宁已观刘表，虑既不远，儿子又劣，非能承业传基者也。至尊当早规之，不可后操图之。图之之计，宜先取黄祖。祖今年老，昏耄已甚，财谷并乏，左右欺弄，务于货利，侵求吏士，吏士心怨，舟船战具，顿废不修，怠于耕农，军无法伍。至尊今往，其破可必。一破祖军，鼓行而西，西据楚关，大势弥广，即可渐规巴、蜀。[1]

孙权接受了甘宁的意见，亲率水陆大军，西征黄祖。经过激战，突破黄祖军的防线。黄祖领兵败退，被孙权军赶上杀死。孙权把夏口城中男女数万人虏走，没有继续西进，在等待时机。

曹操得知孙权势盛，也在企图夺取荆州的消息，更感到南征荆州和江东势在必行。

在南征之前，曹操为了稳固自己的统治地位，于建安十三年（公元 208 年）六月，他废除了司徒、司空、太尉的"三公"之官，恢复了丞相的名称，自己正式当了丞相，总揽朝政，完全掌握了朝廷的大权。不久，他又把讽刺朝政，妨碍他政策贯彻执行的孔融处死，以消除后患。

曹操杀孔融，是对"浮华交会之徒"的一个沉重打击，是他诛除异己，进一步稳定内部、安定后方的果断措施。

---

① （晋）陈寿撰：《三国志·吴书·甘宁传》，卷55，第1293页。

　　与此同时，曹操针对南方长于水上作战的特点，于建安十三年（公元 208 年）正月，在邺城开凿了玄武池，加紧训练水军。还命张辽、于禁、乐进三位大将各率一军，加强对骑兵和步兵的训练。这三将不和，曹操派司空主簿赵俨去做他们的工作，最后三将和好。

　　同年六月，曹操派张既到关中去做马腾的工作，要马腾离开他的军队到朝中做官，张既费了不少口舌，说服了马腾，曹操以马腾为卫尉，到朝中做官，以马超为偏将军，统领马超的军队，继续留在关中。曹操把马腾的家属迁到了邺城。这样一来，马腾父子便落在了曹操的控制之下，曹操基本上解除了西顾之忧。

　　接着，曹操于七月间，亲率大军南征刘表，直趋宛、叶。

二、南取荆州

　　正当曹操疾趋宛、叶之时，八月间刘表病死。刘表的儿子及其部属间的内部斗争立即激烈起来。史载，刘表初以长子刘琦貌类于己，甚爱之，后为次子刘琮娶后妻蔡氏之侄女，蔡氏爱刘琮而讨厌刘琦，再加妻弟蔡瑁及外甥张允等都同刘琮交好，毁誉刘琦，于是刘表改变了态度。刘琦不自宁，听从了诸葛亮的话，请求出任江夏太守。后刘表病死，蔡瑁、张允等便以刘琮为嗣。

九月，曹操至新野。章陵太守蒯越、东曹掾傅巽等对刘琮说：

> 逆顺有大体，强弱有定势。以人臣而拒人主，逆道也；以新造之楚而御中国，必危也；以刘备而敌曹公，不当也。三者皆短，欲以抗王师之锋，必亡之道也。将军自料何与刘备？①

刘琮知难以抗敌，听从蒯越、傅巽、王粲等议，举州投降曹操。

刘琮既降，荆州地盘之内刘备和刘琦就是主要敌人了。尤其是刘备，曹操始终视为大患。时刘备在樊，不知刘琮已降，听到消息后大为惊骇，率部急趋南下。诸葛亮等劝刘备乘势攻刘琮而代之，刘备因受刘表托孤而不忍。刘备"过襄阳，驻马呼琮，琮惧，不能起。琮左右及荆州人多归备"。及至当阳，刘备已有众十余万人，辎重数千辆，背上了很大的"包袱"，行动迟缓，日行不过十余里。刘备南撤，同时命令关羽乘船数百艘顺汉水南下，占有江陵。

曹操知江陵地处要冲，且有粮储、兵械之类，深恐为刘备据有，于是放弃辎重，轻军追备，及到襄阳，听说刘备已南去，遂将精骑五千急迫，一日一夜行三百里，终于在当阳县之长阪追上了刘备。刘备大败，弃妻子，与诸葛亮、张飞、赵云等数十骑逃走，曹操大获其人众辎重。据说，张飞、赵云

---

① （宋）范晔撰：《后汉书·刘表传》，卷74下，第2424页。

在战斗中均有非凡表现。张飞将二十骑拒后，据水断桥，操兵无敢近者；赵云身抱备子刘禅，杀出重围。随后，刘备自长阪斜趋东向走汉津，幸好与关羽水军相遇，渡过沔水（今汉水），并得到刘表长子、江夏太守刘琦的接应，一起到了夏口（今汉口）。

曹操至江陵，立即做了安顿荆州吏民的工作，下令"荆州吏民，与之更始"，同时以刘琮为青州刺史，并封蒯越等十五人为侯，释韩嵩之囚（前曾讲到韩嵩因说曹操的好话被刘表押入大牢），待以交友之礼，使嵩为大鸿胪，蒯越为光禄勋，刘先为尚书，邓义为侍中。文聘为江夏太守，统兵如故。

曹操占领荆州后，收编荆州降军七八万人，得水军大小船舰一千多艘，得到了大量的人力、物力和军力。

应该说，曹操自七月南征，直到完全占领荆州，其基本决策是正确的。

第一，他乘削平北方之余威和初为汉丞相之居高临下之强势，抓紧时机而不迟疑地南向用兵，本身就是对刘表、刘备、孙权诸敌的极大威慑。正如王粲对刘琮所说，"曹公故人杰也。雄略冠时，智谋出世"，要想保己全宗，长享福祚，"只有卷甲倒戈，应天顺命"[1]，归降曹操；诸葛亮也承认曹操拥兵百万之众，挟天子而令诸侯，不可与之争锋；至于刘

---

① （晋）陈寿撰：《三国志·魏书·王粲传》注引《文士传》，卷21，第599—600页。

备，屡屡为操所败，更可谓望风丧胆。曹操正是在这种形势下出兵的，其势自盛，压倒了对方。

第二，他使用了"显出宛、叶而间行轻进，以掩其不意"的策略，因而能够争取时间，先孙权而取得了荆州。

第三，他以准确的判断，知敌必审，不给敌人以喘息之机，追击刘备，从而把刘备打得溃不成军，如同丧家之犬，而东走夏口。

但是，从另一个角度说，曹操几乎兵不血刃地、没有遇到什么抵抗便得到了荆州，继而长驱南下，以破竹之势大破刘备，在客观上助长了他自平定冀州、征讨乌桓以来逐渐滋长起来的骄傲情绪，埋伏下了轻视敌人、麻痹大意的因子。如在刘璋向曹操表示服从，派张松到荆州向曹操表示敬意时，曹操就对张松表现出了冷淡的态度。又如在最关键的时刻，他没有对刘备赶尽杀绝。骄傲妄狂最终导致了兵败赤壁。[①]

三、兵败赤壁

曹操据有荆州，扩大了地盘，壮大了力量，威声大震。东面孙权、刘备无不感到恐惧，急谋自存之策。当时，曹操本有两条可选之策，一是不要在江陵停下来，而是乘胜迅即东

---

① 参见张作耀著：《曹操传》第 155—157 页。

下继续追击刘备，以各个击破为方针策略，急破刘备于孙、刘联盟形成之前；二是缓攻刘备，先事休整，用贾诩之策，以其破袁氏、收汉南，"威名远著，军势既大"的声威，"若乘旧楚之饶，以飨吏士，抚安百姓，使安土乐业"，以达到"不劳众而江东稽服"①的目的。但曹操的决策，既非前者，也非后者，而是在江陵耽误了一段既不长也不短的时日，给了敌人以喘息的机会，在曹操兵锋压力下，孙、刘结盟，形势发生新的变化。

史载，早在曹操趋兵荆州之时，孙权知不能敌，已经开始了联合刘备以抗操的行动。他听从鲁肃之议，让鲁肃借吊刘表之丧的机会，相机说刘备使抚刘表之众，"同心一意，共治曹操"②。鲁肃是孙权属下首倡联合刘备抗曹并致力于孙、刘联合的重要人物。鲁肃到夏口，听说曹操已向荆州进发，于是"晨夜兼道"，及至江陵，闻刘琮已降操，刘备也正惶恐南逃。鲁肃北向迎刘备于当阳长阪，劝刘备与孙权并力抗操。时刘备新败，正苦于无安身之地，很高兴地接受了鲁肃意见，随鲁肃东走夏口。然后，过江退守樊口（今湖北鄂城西北）。

这时，刘备实际上也在酝酿孙、刘联合抗操的问题。先此，刘备屯新野，三顾诸葛亮于茅庐之中，诸葛亮对刘备深

---

① （晋）陈寿撰：《三国志·魏书·贾诩传》，卷10，第330页。
② （晋）陈寿撰：《三国志·吴书·鲁肃传》，卷54，第1269页。

刻地剖析了天下大势，提出联吴抗曹的战略决策："自董卓已（以）来，豪杰并起，跨州连郡者不可胜数。曹操比于袁绍，则名微而众寡，然操遂能克绍，以弱为强者，非惟天时，抑亦人谋也。今操已拥百万之众，挟天子而令诸侯，此诚不可与争锋。孙权据有江东，已历三世，国险而民附，贤能为之用，此可以为援而不可图也。"①

这种孙刘联合的可能性与必然性，却没有能引起曹操足够的重视。他以为自己势大兵强，所以再没有使用像对付袁绍集团那样的手法来离间破坏孙刘的合作，以便各个击破。他把刘备视作屡败之将，觉得只要沿江而下即可彻底击败；只要大兵压境，再加上政治恫吓，孙权就会俯首听命，就会像公孙康送袁尚头那样把刘备的头送来。

这样分析曹操当时的心境是有根据的。

据载，"太祖（操）征荆州，刘备奔吴。论者以为孙权必杀备。"②刘备东投孙权，曹操的属将大多认为孙权必杀备。这实是一种经验之谈。他们把孙权视作公孙康。曹操实际上也受此种思想影响。当时，只有程昱认为孙权不仅不会杀刘备，而且会与之联合。程昱说："孙权新在位，未为海内所惮。曹公无敌于天下，初举荆州，威震江表，权虽有谋，不能独当也。刘备有英名，关羽、张飞皆万人敌也，权必资之

① （晋）陈寿撰：《三国志·蜀书·诸葛亮传》，卷35，第912页。
② （晋）陈寿撰：《三国志·魏书·程昱传》，卷14，第428页。

以御我。难解势分，备资以成，又不可得而杀也。"程昱的分析是正确的，孙权果然没有采取杀刘备以求自保的策略，而是"多与备兵，以御太祖"[①]。

曹操基于一种不切实际的判断，略作军事部署，以后军都督、征南将军曹仁和军粮督运使夏侯渊驻守江陵，以厉锋将军曹洪驻守襄阳，另以一部水陆军由襄阳沿汉水南向夏口，然后遂即率所部及新附荆州之众顺江东下。

曹操率兵自江陵顺江东下，刘备、诸葛亮甚惧。诸葛亮奉刘备之命随鲁肃见孙权于柴桑（今江西九江市西南），劝说孙权早下决心联合抗操。诸葛亮时为刘备军师，也是力主孙、刘联合的人物。诸葛亮对孙权说："海内大乱，将军起兵据有江东，刘豫州亦收众汉南，与曹操并争天下。今操芟夷大难，略已平矣，遂破荆州，威震四海。英雄无所用武，故豫州遁逃至此。将军量力而处之，若能以吴、越之众与中国抗衡，不如早与之绝；若不能当，何不案兵束甲，北面而事之！今将军外托服从之名，而内怀犹豫之计，事急而不断，祸至无日矣。"这是一种激将法。孙权听后勃然怒曰："吾不能举全吴之地，十万之众，受制于人，吾计决矣。"然后，诸葛亮为其分析大势："豫州（刘备）军虽败于长阪，今战士还者及关羽水军精甲万人，刘琦合江夏战士亦不下万人。曹操之众，远来疲弊，闻追豫州，轻骑一日一夜行三百余里，此

----

① （晋）陈寿撰：《三国志·魏书·程昱传》，卷14，第429页。

可谓'强弩之末，势不能穿鲁缟'者也。故兵法忌之，曰：'必蹶上将军'。且北方之人，不习水战。又，荆州之民附操者，逼兵势耳，非心服也。今将军诚能命猛将统兵数万，与豫州协规同力，破操军必矣。操军破，必北还。如此则荆、吴之势强，鼎足之形成矣。成败之机，在于今日。"[①]诸葛亮的分析着意在以下几点：

刘备尚有一定势力。

曹兵乃是疲惫之师。

曹军"不习水战"。

荆州之民尚未心服曹操。

孙、刘只要"协规同力"，一定能够破操。

破操之后鼎足之势成，孙权就可稳有江东。

孙权听了诸葛亮的话很是高兴，答应进一步同群下商议。

正在此时，曹操的恐吓书送到了孙权面前。信上说："近者奉辞伐罪，旌麾南指，刘琮束手。今治水军八十万众，方与将军会猎于吴。"这封信虽然只有寥寥数语，却有震天骇地之势，产生了巨大威慑力量。"权得书以示群臣，莫不向震失色"[②]。长史张昭等明确提出了投降主张，说："曹公豺虎也，然托名汉相，挟天子以征四方，动以朝廷为辞，今日拒之，事更不顺。且将军大势可以拒操者，长江也；今操得

---

① （晋）陈寿撰：《三国志·蜀书·诸葛亮传》，卷35，第915页。

② （晋）陈寿撰：《三国志·吴书·吴主传》注引《江表传》，卷47，第1118页。

荆州，奄有其地，刘表治水军，蒙冲斗舰，乃以千数，操悉浮以沿江，兼有步兵，水陆俱下，此为长江之险，已与我共之矣，而势力众寡，又不可论。愚谓大计不如迎之。"①从一定意义上说，张昭等人的话虽属悲观论，但也不无道理，因为曹操的确具有不可比拟的优势，如果策略得当，的确能够将孙权彻底击垮。孙权惶恐之际，力主孙刘联合的鲁肃坚定了他的抗操决心。鲁肃对孙权说："向察众人之议，专欲误将军，不足与图大事。今肃可迎操耳，如将军，不可也。何以言之？今肃迎操，操当以肃还付乡党，品其名位，犹不失下曹从事，乘犊车，从吏卒，交游士林，累官故不失州郡也。将军迎操，欲安所归？愿早定大计，莫用众人之议也！"②鲁肃也用激将法说服孙权，同时劝孙权立即把周瑜召回。

周瑜，字公瑾，庐江舒（今安徽省庐江西南）人，初从孙策，为中护军，领江夏太守，孙权讨刘表之江夏太守黄祖时，瑜为前部大都督。周瑜从鄱阳被召回，表示了与鲁肃同样坚决的态度，对孙权说："操虽托名汉相，其实汉贼也。将军以神武雄才，兼仗父兄之烈，割据江东，地方数千里，兵精足用，英雄乐业，尚当横行天下，为汉家除残去秽；况操自送死，而可迎之邪！"这是有针对性的，从政治的角度首先揭穿曹操"挟天子以令诸侯"、动辄以朝廷为辞的实质，抗

---

① （晋）陈寿撰：《三国志·吴书·周瑜传》，卷54，第1261页。
② （晋）陈寿撰：《三国志·吴书·鲁肃传》，卷54，第1270页。

操并非抗朝廷，而是为朝廷除贼。然后，讲述了能够战胜曹操的具体理由，先是分析曹军的弱点，指出：第一，"今北土既未平安，加马超、韩遂尚在关西，为操后患"；第二，曹军"舍鞍马，仗舟楫，与吴、越争衡，本非中国所长，又今盛寒，马无藁草"，是舍利趋弊，舍长就短；第三，"驱中国士众远涉江湖之间，不习水土，必生疾病"。周瑜认为这都是"用兵之患，而操皆冒行之"，必然失败，"将军擒操，宜在今日"①。孙权抗操决心遂定，因拔刀斫去奏案的一角，说："诸将吏敢复有言当迎操者，与此案同！"并对周瑜说："公瑾，卿言至此，甚合孤心。子布（张昭）、文表（秦松）诸人，各顾妻子，挟持私虑，深失所望，独卿与子敬与孤同耳，此天以卿二人赞孤也。五万兵难卒合，已选三万人，船粮战具俱办。卿与子敬、程公（程普）便在前发，孤当续发人众，多载资粮，为卿后援。卿能办之者诚决，邂逅不如意，便还就孤，孤当与孟德决之。"②孙权的抗操决心又反过来给周瑜等以极大激励。孙权遂以周瑜、程普为左右都督，将兵与刘备一起拒操，同时以鲁肃为赞军校尉，筹划方略。

周瑜率领的军队在樊口与刘备会合，然后逆水而上，行至赤壁，与顺水而下的曹军相遇。

赤壁位于今湖北蒲圻市西北，隔江与乌林（今湖北洪湖

---

① （晋）陈寿撰：《三国志·吴书·周瑜传》，卷54，第1262页。

② （晋）陈寿撰：《三国志·吴书·周瑜传》注引《江表传》，卷54，第1262页。

市东北）相对。

据载，两军刚一接战，曹操即吃了败仗，不得不把军队"引次江北"，把战船靠在北岸乌林一侧。

为什么初一交战即失利呢？直接的原因有四：一是曹军中瘟疫流行，病者甚众；二是曹军不习水战，站立尚且不稳，何来战斗力；三是曹操料敌不周，自以为势不可当，猝然相遇，缺乏思想上的充分准备，未能根据当时当地的实际情况作出正确的调度与部署；四是狭路相逢，曹军虽众，但江中相接者却是对等的。一句话，本处优势的曹操，在此特定的情况下反转处于劣势了。

曹操与孙、刘联军接战失利后，不得不停止前进，将全部战船靠到北岸乌林一侧。周瑜则把战船停靠南岸赤壁一侧，两相对峙。

时值寒冬，北风紧吹，战船颠簸，曹军将士不习舟楫，眩晕不能自抑；又加军中疫病流行，自然减员甚多，战斗力大损。曹操为了固结水寨，解决战船颠簸、士兵晕船之苦，令将士们用铁链把战船连锁在一起；此时陆军亦陆续到达，亦令岸边驻扎。可以看出，曹操是想暂作休整，待冬尽春来，再谋进取。这样决策，把战船连锁在一起固不可取，但在战斗力甚弱的情况下暂作休整，应该说是可取的。问题是他的轻敌思想依然存在，总以为大兵压境，足以慑敌，以致料敌不当，虑事不周，没有想到敌方敢于主动进攻，最终导致失败。

曹操、周瑜两军隔江相望。针对曹军连锁战船，周瑜部将黄盖献火攻之策。黄盖对周瑜说："今寇众我寡，难与持久。然观操军船舰首尾相接，可烧而走也。"[1]周瑜采纳了黄盖的意见，并即决定让黄盖利用诈降接近曹操战船，然后纵火烧之。黄盖即修降书一封，派人送给曹操，书称："盖受孙氏厚恩，常为将帅，见遇不薄。然顾天下事有大势，用江东六郡山越之人，以当中国百万之众，众寡不敌，海内所共见也。东方将吏，无有愚智，皆知其不可，惟周瑜、鲁肃偏怀浅戆，意未解耳。今日归命，是其实计。瑜所督领，自易摧毁。交锋之日，盖为前部，当因事变化，效命在近。"这封降书，正与曹操心中所想相符，认为黄盖归降，实属情理中事。为了慎重，特召见送信人，秘密审问了一番。此等送信人，绝非等闲之辈，必定既有胆识，又有辩才，把黄盖欲降之意表述得更加清楚。于是，曹操让送信人向黄盖转达他的口谕："盖若信实，当授爵赏，超于前后也。"[2]并约定归降时的信号。看来，当时并未约定具体日期。

周瑜、黄盖得知曹操允降，立即进行战斗准备，"乃取蒙冲斗舰数十艘，实以薪草，膏油灌其中，裹以帷幕，上建牙旗，先书报曹公，欺以欲降。又豫备走舸，各系大船后，因引次俱前"[3]。时值隆冬，多刮北风，但按气象规律，几

---

① （晋）陈寿撰：《三国志·吴书·周瑜传》，卷54，第1262页。
② （晋）陈寿撰：《三国志·吴书·周瑜传》注引《江表传》，卷54，第1263页。
③ （晋）陈寿撰：《三国志·吴书·周瑜传》，卷54，第1262—1263页。

天严寒日过后，亦常间有稍暖之日，风向抑或变为东风、南风。据说，十一月十二日甲子日（公元208年12月7日）这一天，晴空风暖，傍晚南风起，及至午夜风急，黄盖即以所备之船舰出发，以十艘并列向前，余船以次俱进。到了江的中心，众船举帆，曹军吏士毫无戒备，"皆延颈观望，指言盖降"[①]。离操军二里许，黄盖令众同时发火，"火烈风猛，往船如箭，飞埃绝烂，烧尽北船，延及岸上营柴"[②]。顷刻之间，"烟炎张天，人马烧溺死者甚众。"[③]周瑜等率轻锐，寻继其后，擂鼓大进；同时刘备也自蜀山向乌林进发。曹军大溃，战船既已被烧，并且延及岸上，陆寨也难保守了，又加病卒甚多，曹操知道不可久留，于是下令自焚余船，引军西走。曹操引军从华容道步归，遇泥泞，道不通，天又大风，悉使羸兵负草填之，骑乃得过。羸兵为人马所蹈藉，陷泥中，死者甚众。幸得张辽、许褚等接应，才得以脱险。

周瑜、刘备水陆并进，追赶曹操，直至南郡城下。操军兼以疾疫，死者大半。曹操既已失败，又恐后方不稳，于是留征南将军曹仁、横野将军徐晃守江陵，折冲将军乐进守襄阳，然后率领残部北还。赤壁之战，以曹操失败而告终。

曹仁等在江陵坚持了一年多，虽有小捷，但由于处敌包

---

①　（晋）陈寿撰：《三国志·吴书·周瑜传》，卷54，第1263页。

②　（晋）陈寿撰：《三国志·吴书·周瑜传》注引《江表传》，卷54，第1263页。

③　（晋）陈寿撰：《三国志·吴书·周瑜传》，卷54，第1263页。

围之中屡战失利，曾被周瑜大破于夷陵，因难以持久，不得不主动放弃江陵，退守襄阳、樊城。

曹仁北退，孙权遂以周瑜为南郡太守，屯江陵；程普为江夏太守，屯沙羡（今汉口西南）；吕范为彭泽太守；吕蒙为寻阳令，分军驻扎在沿江一带。这样，孙权便完全控制了西起夷陵（今湖北宜昌东南）东至寻阳（今江西九江）的长江防线。周瑜为南郡太守，分南岸地给刘备，刘备立营于油江口（今湖北公安境），"备以瑜所给地少，不足以安民，复从权借荆州数郡"[①]，并乘周瑜、曹仁相持之际，南征武陵、长沙、桂阳、零陵。刘备先表刘琦为荆州牧，琦病死，遂自为荆州牧，治公安。[②]

赤壁之战是中国历史上以少胜多、以弱胜强的著名战役之一。

曹军数量虽多，但弱点也不少。这主要是远来疲惫，不习水性，发生病疫，战斗力不强。同时，曹操骄傲轻敌，急于求成，舍己之长，以水战为主，使骑兵未能充分发挥作用。另外，曹操连接战船，给敌军以可乘之机。又麻痹不慎，中了黄盖诈降火攻之计。从而使优势变成了劣势，最后陷于失败。

孙、刘联军，数量虽然少，但在曹军的压力下，能团结对敌。同时，善于水战，战斗力较强。此外，统帅周瑜沉着

---

① （晋）陈寿撰：《三国志·蜀书·先主传》注引《江表传》，卷54，第1263页。
② 参见张作耀：《曹操传》，第157—164页。

果断，注意发挥自己的长处，利用敌人的弱点，抓住战机，出其不意，攻其不备，利用东南风，火烧战船，机动灵活地打击敌人，因而取得了胜利。

赤壁之战是三国形成过程中的重要战役。

赤壁战后，三足鼎立之势已成，曹操急剧发展的势头受到抑制，实现国家统一终归因此而成为他内心深处的永远的残梦。

战后，曹操退回北方，一时无力南下，在大力稳固内部统治的同时，与孙权争夺淮南，并向关西（潼关或函谷关以西地区）方面发展势力。刘备在荆州站稳了脚跟，得以向益州地区进军。孙权则稳定了在江东的统治，得以向岭南地区扩张，这样，三国鼎立已成客观之局。

因为曹操在赤壁之战中失败，中国历史因此进入了三国两晋南北朝的长期分裂时期。虽然其间有西晋的短暂统一，但很快就出现东晋分裂时代。此后，天下重新大乱，接着是五胡乱华，这是中国大一统历史上的一个黑暗时代。直到公元 589 年隋王朝重新统一，中国政治才重新进入了一个正常发展的新时期。

第六章　得陇望蜀

　　赤壁战后，孙权巩固了江东，刘备则占据荆州后进而又夺取了益州。曹操在退回北方巩固内部、恢复元气后，鉴于南方发展受阻，便将进军陇蜀作为战略方针。此后虽然收复了汉中，消灭了张鲁政权，但因为刘备已经羽翼丰满，曹操最终在统一西北之路上坎坷不断，留下了"人苦不知足，既平陇，复望蜀"的千古憾事，成语"得陇望蜀"即由此而来。

一、平定关陇

赤壁之战后，曹操知孙刘联盟已成气候，绝非短期可以瓦解，因而对其采取战略防御政策，在后方屯田、戍边，加强边防，以期取得时间，排除异己，稳定地位，巩固权力，整肃、扩大、发展兵力，然后再谋南下用兵。

经过两年多的恢复与整顿，曹操又基本上恢复了元气。

于是，曹操决定西征马超、韩遂。为什么不继续南征孙权，而是西征马超、韩遂? 原因有三:

第一，赤壁之战后，三方鼎足之势成，已经失去了消灭孙权、刘备的条件;

第二，马超、韩遂陈兵西北，一直是曹操的心腹大患;

第三，为破解孙权北面抗操而将西联韩、马的外交策略。

建安十五年（公元210年）十二月，周瑜向孙权献计，要求允许他与孙权的堂兄弟、奋威将军孙瑜率兵"俱进取蜀，得蜀而并张鲁，因留奋威固守其地，好与马超结援"，然后自己回军与孙权"据襄阳以蹙操，北方可图也"[①]。可惜，周瑜不久病死，其计未行。但周瑜的计策，对操却不能不有所震动。如想南征孙、刘，西取巴蜀，就必须解除后顾之忧，因而不能不对马超、韩遂及其周围十数部异己力量作根本解决。

建安十六年（公元211年）三月，曹操遣司隶校尉钟繇讨

---

① （晋）陈寿撰:《三国志·吴书·周瑜传》，卷54，第1264页。

伐张鲁，使征西护军夏侯渊等将兵出河东，与钟繇会师共进。

当时，马超、韩遂等主要兵力盘踞关中，张鲁的主要兵力在汉中，操兵如出河东讨张鲁，大军必须从马超、韩遂地区通过。不出曹操所料，关中诸将果然疑操伐己，马超、韩遂、侯选、程银、杨秋、李堪、张横、梁兴、成宜、马玩等十部皆反，其众十万，屯据潼关。

马超，字孟起，扶风茂陵（今陕西兴平）人。父马腾，灵帝末与边章、韩遂等俱起事于西州；汉献帝初年，朝廷以韩遂为镇西将军，以马腾为征西将军。马腾、韩遂始甚相亲，结为异姓兄弟，继而失和，部曲相侵，相为仇敌，腾攻遂，遂亦攻腾。建安初，曹操为安抚关陇，使司隶校尉钟繇、凉州刺史韦端进行和解。后曹操以腾为卫尉，使其离开西北，居邺。马超以偏将军统父众，与韩遂合纵，并与杨秋、李堪、成宜等部相结。

马超等既反，曹操即以征南将军曹仁行安西将军，自襄樊一线驱师北上，督诸将与马超等隔潼关相对，建安十六年（公元 211 年）七月，曹操率军出征。

曹操亲自将兵击马超等，不少人鉴于赤壁用短击长的教训，提醒曹操："关西兵强，习长矛，非精选前锋，则不可以当也。"曹操对诸将说："战在我，非在贼也。贼虽习长矛，将使不得以刺，诸君但观之耳。"[1]可见曹操已经接受了赤壁

---

[1]　（晋）陈寿撰：《三国志·魏书·武帝纪》注引《魏书》，卷 1，第 35 页。

惨败的教训，已知重视避敌之长而用己之长了。

八月，曹操率大军至潼关，与马超等夹关相对而扎营。徐晃献计说："公盛兵于此，而贼不复别守蒲阪，知其无谋也。今假臣精兵渡蒲阪津，为军先置，以截其里，贼可擒也。"①曹操即潜遣徐晃、朱灵以步骑四千人渡蒲阪津。晃等渡河，"作堑栅未成"，马超部属梁兴乘夜率兵五千人攻晃，晃等力战击走梁兴，遂据河西为营。这样，黄河蒲阪一段的两岸全为曹操的军队所控制。

闰八月，曹操的主力部队开始自潼关北渡河。

曹操北渡黄河后，遂又自蒲阪横渡到黄河的西边，并循河为甬道，向南进发。

九月，曹操大军全部渡过渭水，彻底占据了优势地位。

接着，曹操采纳贾诩用离间计瓦解马超、韩遂的策略。

史载，"韩遂请与公相见，公与遂父同岁孝廉，又与遂同时侪辈，于是交马语移时，不及军事，但说京都旧故，拊手欢笑"②。

又史载，"他日，公又与遂书，多所点窜，如遂改定者，超等愈疑遂。"③

结果，韩、马联军内部互相猜忌，军心不稳。曹操抓住

---

① （晋）陈寿撰：《三国志·魏书·徐晃传》，卷17，第528页。

② （晋）陈寿撰：《三国志·魏书·武帝纪》，卷1，第35页。

③ （晋）陈寿撰：《三国志·魏书·武帝纪》，卷1，第35页。

时机，与敌决战，"大破之，斩成宜、李堪等。遂、超等走凉州，杨秋奔安定"。冬十月，曹操"自长安北征杨秋，围安定。秋降，复其爵位，使留抚其民人"①。

关中平，曹操于十二月间自安定还，留夏侯渊屯长安，以议郎张既为京兆尹。

曹操平定关中后，对诸将谈了这次用兵致胜的原因，主要有：

其一，盛兵潼关，意在麻痹敌人，待机入河东而西渡河。据载，有的将领因不解而询问曹操说："初，贼守潼关，渭北道缺，不从河东击冯翊而反守潼关，引日而后北渡，何也？"曹操从策略的高度回答说："贼守潼关，若吾入河东，贼必引守诸津，则西河未可渡，吾故盛兵向潼关；贼悉众南守，西河之备虚，故二将（指徐晃、朱灵）得擅取西河；然后引军北渡，贼不能与吾争西河者，以二将之军也。"可见，曹操兵临潼关，夹关与敌相对，摆出决战的样子，完全是把敌军主力吸引在潼关，以利别部自河东西渡河，占领战略要地的声东击西之计。

其二，示弱骄敌，乘敌不备而击之。曹操对渡河以后的用兵，有三点特别满意，一是"连车树栅，为甬道而南，既为不可胜，且以示弱"；二是渡渭之后，积沙为城，筑垒避战。他说，"渡渭为坚垒，虏至不出，所以骄之也"；三是伪

---

① （晋）陈寿撰：《三国志·魏书·武帝纪》，卷1，第35页。

许请和。曹操利用天气骤寒之机，运水起沙，渡兵作城，在地理形势上，反占优势。马超等欲战不得，知不可胜，而自己又没有构筑工事，甚恐随时被袭，因而提出割地求和。曹操先是不许，继而伪许之。为什么要伪许呢？曹操说："贼不为营垒而求割地。吾顺言许之，所以从其意，使自安而不为备，因畜士卒之力，一旦击之，所谓'迅雷不及掩耳'，兵之变化，固非一道也。"[①]正是这样，马超、韩遂等认为可以割地求和，不再加强防备；而曹操则乘时集积兵力，一战便把韩、马等联军彻底打垮。

其三，马超、韩遂军无适主，法制不一。联军本以韩遂为督，但韩遂并不能把全军统率起来，特别是曹操使用离间计后，韩遂已完全失去统率的地位和作用。正是因为这一点，所以曹操始见关中诸将每一部到，不增忧，反而辄有喜色。诸将不解，因问其故，曹操一语道破敌方的致命弱点："关中长远，若贼各依险阻，征之，不一二年不可定也。今皆来集，其众虽多，莫相归服，军无适主，一举可灭，为功差易，吾是以喜。"[②]

其四，成功地实施了离间之计。曹操自己谈其平定关陇能够取胜的原因时，未及"离间"之计。然离间成功，亦应是曹操取胜原因之一。

---

① （晋）陈寿撰：《三国志·魏书·武帝纪》，卷1，第35页。

② （晋）陈寿撰：《三国志·魏书·武帝纪》，卷1，第35页。

　　建安十七年（公元 212 年）正月，曹操回到邺城。曹操为什么在马超、韩遂西走而尚未完全平定的情况下急于回邺呢？主要原因如下：

　　其一，曹操必须兼顾朝内权力的巩固，不宜长时间在外。从一定意义上说，巩固、发展权力，比用兵征伐不服更为重要。曹操回到邺城后，汉献帝顿感新的压力，不得不下一道诏书，允许曹操"赞拜不名，入朝不趋，剑履上殿，如萧何故事"[①]。同时又按照曹操的意图，增大了他的封地，"割河内之荡阴、朝歌、林虑，东郡之卫国、顿丘、东武阳、发干，巨鹿之廮陶、曲周、南和，广平之任城，赵之襄国、邯郸、易阳以益魏郡"。[②]

　　其二，后方不稳，河间民田银、苏伯反，煽动幽、冀，危及曹操心腹之地。田银、苏伯等乘曹操西征之机起事，曹丕以将军贾信率兵讨灭。曹操回到邺时，事已平。可见，曹操非常重视自己辖区的稳定。河间郡属冀州，河间安定与否，会直接影响到曹操的声望。

　　其三，马超、韩遂西走，暂时不能构成大的威胁，无须大军进剿，留下主力一部足可抗御，甚至剿除。正因为曹操此时不把马超、韩遂视为威胁，所以回邺后，五月便将马超的父亲、卫尉马腾，弟奉车都尉马休，弟骑都尉马铁杀了，

----

① （晋）陈寿撰：《三国志·魏书·武帝纪》，卷1，第36页。
② （晋）陈寿撰：《三国志·魏书·武帝纪》，卷1，第36页。

夷腾三族；并杀韩遂质子。如操所料，用兵一部即可击敌。
七月，使夏侯渊助左冯翊郑浑击马超余部梁兴于蓝田，马超
龟缩凉州。

其四，谋划再次用兵孙权。赤壁战后，曹操视孙权为主
要劲敌，关中既平，在解除后顾之忧、避免腹背受敌和两面
作战后，征讨孙权便提到日程上来。①

二、争夺汉中

曹操用兵西北，平定马超、韩遂，但这并不是他的终极
目标，他的终极目标是要夺取汉中，进而窥视益州，在统一
事业上迈出更大的步伐。

汉中（治今陕西南郑）地处益州北部，是入蜀要冲，为
历代兵家必争之地。时张鲁为汉宁太守，雄据巴、汉已三十
余年了。

张鲁，字公祺，沛国丰（今江苏丰县）人，祖父张陵，
创设"五斗米道"。张陵死后，其子张衡行其道；衡死，衡子
张鲁继续行其道。史载，张鲁母有姿色，兼挟鬼道，常常往
来益州牧刘焉家。由于有这层关系，刘焉遂任张鲁为督义司
马，与别部司马张修共同率兵掩袭汉中太守苏固，断绝斜谷

---

① 参见张作耀著：《曹操传》，第188—198页。

之路。张鲁既得汉中，遂即杀了张修而并其众，成了汉中的统治者。刘焉死后，子刘璋代立，因鲁不顺服，刘璋把张鲁的母亲及全家统统杀了。张鲁、刘璋遂不两立。

张鲁据汉中，以鬼道教民，自号"师君"。学道者，初来皆名"鬼卒"；受道已信（深）者，号"祭酒"。祭酒各领部众，部众多者为治头大祭酒。这是其大体的组织情况。五斗米道的教义，主要有三点，一是要求做人诚实，"皆教以诚信不欺诈"，如果生病，要求病人自我反省有没有做错事，即"自首其过"。二是各祭酒"皆作义舍"，义舍内备有义米、义肉，行路人可以根据自己的饭量"量腹取足"，据说，如果取之过量，鬼道会使其生病的。三是"犯法者，三原，然后乃行刑。"原"是赦免的意思。就是说，对犯法的人可以赦免三次，如果仍不改正，再按律给以相应的刑事处罚。张鲁据汉中以五斗米道教民、驭众，因此"不置长吏，皆以祭酒为治"。张鲁的统治，得到百姓拥护，所以"民夷便乐之"，使他能够"雄踞巴、汉垂三十年"。史载，汉末，朝廷对张鲁毫无办法，"力不能征，遂就宠鲁为镇民中郎将，领汉宁太守，通贡献而已。"①

对于张鲁之地，孙、刘、曹三家均欲得之。在东吴，周瑜曾献计'取蜀而并张鲁'。孙权曾想把刘备尽早赶出荆州

---

① （晋）陈寿撰：《三国志·魏书·张鲁传》，卷1，第263、264页。

地盘，表示愿与刘备一起取蜀，因而遣使对刘备说："米贼
张鲁居王巴、汉，为曹操耳目，规图益州。刘璋不武，不能
自守。若操得蜀，则荆州危矣。今欲先攻取璋，进讨张鲁，
首尾相连，一统吴、楚，虽有十操，无所忧也。"① 在刘备，
一是不愿轻易让出荆州，二是准备以自己的力量伐蜀而绝对
不让孙权染指，因而拒绝了孙权的所谓"先取刘璋，进讨张
鲁"的主张。

　　刘璋居益州而让刘备入蜀的一个重要原因也是因为试图
击败张鲁据有汉中以自强。建安十六年（公元 211 年），刘
璋听闻曹操将遣钟繇等讨张鲁，心怀恐惧，不知如何是好。
别驾从事张松意欲引刘备入蜀，因对刘璋说："曹公兵强无敌
于天下，若因张鲁之资以取蜀土，谁能御之者乎？"然后给刘
璋出主意："刘豫州（备），使君（指刘璋）之宗室而曹公之
深仇也，善用兵，若使之讨鲁，鲁必破。鲁破，则益州强，
曹公虽来，无能为也。"② 刘璋上了张松的当，遂遣另一个早
已倾心刘备的法正率兵四千人迎刘备入蜀，法正乘便向刘备
"陈益州可取之策"。天赐良机，刘备遂留诸葛亮、关羽等据
荆州，自己将兵数万人入蜀。史载，"至涪（今四川绵阳），
璋自出迎，相见甚欢"。刘璋推刘备行大司马，领司隶校尉；
刘备推刘璋行镇西大将军，领益州牧。"璋增先主兵，使击张

<hr>

① 　（晋）陈寿撰：《三国志·蜀书·先主传》注引《献帝春秋》，卷 32，第 880 页。
② 　（晋）陈寿撰：《三国志·蜀书·先主传》，卷 32，第 881 页。

鲁"。刘备欣然答应。

刘备的主要目标是取益州，而不是汉中，所以答应北击张鲁，只不过是为了掩饰真实的目的罢了。刘备为了做样子给刘璋看，自涪北到葭萌（今四川广元西南），向北进发了相当一段路程。按说，葭萌离汉中已不甚远，但刘备却"未即讨鲁"，而是兵扎葭萌，驻军不前，"厚树恩德，以收众心"。刘备意取益州之谋，不久便暴露了。刘璋杀死张松，立即"敕关戍诸将文书，勿复关通先主"[1]，但为时已晚。刘璋远非刘备对手，建安十九年（公元214年），刘备破蜀取刘璋代为益州牧。随后，刘备积极谋划拉拢张鲁。建安二十年（公元215年），"遣黄权将兵迎张鲁"[2]，但晚了一步，使将到时，张鲁已降曹操。

由此可见，孙、刘、曹都很重视汉中，都把张鲁作为征讨或争取、拉拢的对象，原因就在于汉中的重要战略地位。

建安二十年（公元215年）三月，曹操一方面发密令教张辽、乐进、李典以抵御孙权之策，另一方面亲自即率兵返回西北，亲征张鲁。

曹操击张鲁，将自武都（今甘肃成县西）入氐人所居地，氐人堵塞了道路，进行抵抗，曹操无法通过，即遣张郃、朱灵等大破氐寨。四月，曹操自陈仓（今陕西宝鸡县）出散关

---

① （晋）陈寿撰：《三国志·蜀书·先主传》，卷32，第882页。

② （晋）陈寿撰：《三国志·蜀书·先主传》，卷32，第883页。

（陈仓西南）入河池（今陕西凤县西北之凤州），氐王窦茂众万余人，恃险不服。五月，曹操历尽艰难，终将氐王的防御攻破。

曹操有《秋胡行》诗二首，其中第一首的开头谈到征张鲁兵出散关山行路之难和地势之险。诗中说：

> 晨上散关山，此道当何难！
> 晨上散关山，此道当何难！
> 牛顿不起，车堕谷间。
> 坐盘石之上，弹五弦之琴，
> 作为清角韵，意中迷烦。
> 歌以言志，晨上散关山。①

开头几句以黄牛困顿累得爬不起来、车子难以行进坠入山谷之间，形象地描述散关山道路之难；后面几句则以比拟的语言表达自己的心情。应该说，此诗对征途之难和征战之困苦的描写不及建安十一年（公元 206 年）远征高于、北上太行山时所写《苦寒行》悲壮而有气势，但其思想内涵却远在《苦寒行》之上。后面几句均属虚拟，并非实有，但却是诗人心理的真实写照，反映着曹操内心所思所想。"坐盘石之上"，是借喻《穆天子传》中"天子北征，至于胡，觞天

---

①　（三国）曹操著：《曹操集》，第 7 页。

子于盘石之上"之意以表白自己是实际上的天子；"弹五弦之琴"，也是借喻，据《礼记·乐记》说："舜作五弦琴，以歌《南风》。"《南风》内容讲的是解民苦难，给民温暖，南风时来，生产发展。因此这里"弹五弦琴"实是暗喻自己就像虞舜一样忧国忧民，解民倒悬。"作为清角韵"依然是借喻，"清角"为古曲调名，相传为黄帝所作，声调凄清，含义深沉，一般人不仅不能随便弹奏，而且连听也听不得。春秋时，晋平公要师旷为其奏《清角》，师旷对晋平公说："今主君德薄，不足听之。听之将恐有败。"晋平公坚持要听，"师旷不得已而鼓之。一奏，而有玄云从西北方起；再奏之，大风至，大雨随之，裂帷幕，破俎豆，隳廊瓦，坐者散走，平公恐惧，伏于廊室之间。晋国大旱，赤地三年。"[①]可见，只有有德（如黄帝）者才配得上奏、听《清角》之音。取典于此，其用意自然也就不言而喻了。"意中迷烦"当是实情，戎马倥偬，征战一生，虽然俨如天子，但终究未能平定天下，怎不令人迷乱烦躁。

秋七月，曹操军至阳平关（今陕西勉县西）。张鲁见曹操大军来伐，欲举汉中全郡投降，但其弟张卫不肯。张鲁使弟张卫与将杨昂等率众数万人"据关坚守，横山筑城十余里"。根据山势构筑起来的工事，既陡且峭，甚难攻打。起初，曹

---

① （清）王先慎撰，钟哲点校：《韩非子集解》卷3《有度第六》，中华书局2011年版，第65页。

操听凉州从事和武都降人说，攻打张鲁没有什么困难，因为阳平城下南北两山相距很远，很难把守。曹操信以为真，及至实地一看，完全不是那回事，乃叹曰："他人商度，少如人意。"曹操攻阳平山上诸屯，山峻难登，"既不时拔，士卒伤夷者多。武皇帝意沮，便欲拔军截山而还，遣故大将军夏侯惇、将军许褚呼山上兵还"①。看来，主要是因为地理形势太复杂，曹操感到甚难用兵，没有取胜的把握，所以只好撤兵。据载，曹操令主簿刘晔督后，刘晔觉得张鲁"可克"，又考虑到"粮道不继，虽出，军犹不能全"，与其这样，还不如进攻，因而驰告曹操"不如致攻"，遂进兵，"多出弩以射其营"，结果打了胜仗，"鲁奔走，汉中遂平"②。对于这次用兵得胜，还有其他一些说法。或谓这是曹操的用兵之计。曹操故意引军退，张鲁军见曹操大军已退，守备遂懈，曹操乘机密遣解慄、高祚等乘险夜袭，大破鲁军，斩其将杨任，进攻张卫，卫等夜遁，张鲁逃奔巴中。

九月间，巴七姓夷王朴胡、賨邑侯杜濩率领巴、夷、賨民归附。曹操遂分巴郡，以胡为巴东太守，濩为巴西太守，皆封列侯。

十一月，张鲁觉得时机已到，便尽携全家及其余众出降。曹操知张鲁来降，亲自出迎，即以鲁为镇南将军，待以客礼，

---

① （晋）陈寿撰：《三国志·魏书·张鲁传》注引《魏名臣奏》，卷8，第265页。
② （晋）陈寿撰：《三国志·魏书·刘晔传》，卷8，第445页。

封阆中侯，邑万户。同时封张鲁五个儿子及阎圃皆为列侯，并为自己的儿子彭祖娶鲁女为妻。

至此，曹操征张鲁取得了重大成功。十二月曹操自南郑还，同时任命夏侯渊为都护将军，督张郃、徐晃等守汉中；命丞相长史杜袭为驸马都尉，留督汉中事。

对于曹操征讨张鲁的重大成功，当时担任侍中、跟随出征、后被人誉为建安七子之一的王粲极其美誉其事，因作五言诗《从军》：

> 从军有苦乐，但问所从谁。
> 所从神且武，安得久劳师？
> 相公征关右，赫怒振天威，
> 一举灭獯虏，再举服羌夷，
> 西收边地贼，忽若俯拾遗。
> 陈赏越山岳，酒肉逾山坻，
> 军中多饶饫，人马皆溢肥，
> 徒行兼乘还，空出有余资。
> 拓土三千里，往反速如飞，
> 歌舞入邺城，所愿获无违。[1]

诗人以愉快的心情描述征战，既歌曹操之功，又颂曹操之德。

---

[1] （晋）陈寿撰：《三国志·魏书·武帝纪》，卷1，第47页。

的确，这是一次成功的用兵。曹操利用了孙、刘联盟裂隙加深和西北战场连连取得胜利，群情激奋，以及刘备刚刚占有益州，自领益州牧，但其局面尚未稳定的时候，毅然亲征，战略上是正确的、适时的。稍有迟疑，汉中就难为己有。因为刘备既取益州，始终未忘张松所说的曹操将会因张鲁之资以取蜀土的话，所以局势尚未安定，即以黄权为护军迎接张鲁。可惜他晚了一步。在战术运用上，曹操又一次表现出了杰出的才能。一是先期清除了前进路上的障碍。二是合两股兵力，逼近阳平关。其中正庆胜于陇右的夏侯渊督领张郃、朱灵等，由临夏趋武都，直抵阳平；曹操自率大将军夏侯惇、将军许褚和侍中辛毗、王粲、主簿司马懿、刘晔等，由长安至陈仓（今陕西宝鸡东），然后出散关南下至河池（今陕西凤州），进入武都郡境。两军相合于休亭（属武都郡，或即今阳平关北之巨亭），很快形成拳头。这样先夺取要塞阳平，然后东击南郑要比由长安南下，跨过秦岭而取南郑容易得多。三是巧妙地创造并把握住了战机。

建安二十年（公元215年）七月，曹操陷阳平，入南郑，军势大振。下一步怎么办？既然已经夺关，锁钥在握，是乘势入蜀，抑或见好即收。留军据守而大军引还？

两位丞相主簿司马懿和刘晔都主张乘胜入蜀。司马懿对曹操说："刘备以诈力虏刘璋，蜀人未附而远争江陵，此机不可失也。今若曜威汉中，益州震动，进兵临之，势必瓦解。因

此之势，易为功力。圣人不能违时，亦不可失时也。"① 刘晔
也向曹操进言说："明公以步卒五千，将诛董卓，北破袁绍，
南征刘表，九州百郡，十并其八，威震天下，势慑海外。今
举汉中，蜀人望风，破胆失守，推此而前，蜀可传檄而定。
刘备，人杰也，有度而迟，得蜀日浅，蜀人未恃也。今破汉
中，蜀人震恐，其势自倾。以公之神明，因其倾而压之，无
不克也。若小缓之，诸葛亮明于治而为相，关羽、张飞勇冠
三军而为将，蜀民既定，据险守要，则不可犯矣。今不取，
必为后忧。"② 司马懿和刘晔的主张都很明确：机不可失，乘
胜入蜀。然而，曹操没有听取司马懿和刘晔的意见，他感慨
地说："人苦无足，既得陇，复望蜀邪！"③ 这里曹操借用了东
汉光武帝刘秀的一句话，表达自己的心情。据《后汉书·岑
彭传》记载，建武八年（公元 32 年），大将军岑彭带兵跟随
刘秀破天水，"与吴汉围隗嚣于西城"，刘秀东归时命令岑彭
说："西城若下，便可将兵南击蜀虏。人苦不知足，既平陇，
复望蜀。"这是鼓励岑彭平陇消灭隗嚣之后立即入蜀击灭公孙
述。岑彭按照刘秀的意图，率兵入蜀，大败公孙述，诏守益
州牧。嗣后不久，岑彭被刺身亡，将军吴汉等于次年攻灭公
孙述。曹操借用刘秀的话，把肯定语变成感叹语，意思是说

---

① （唐）房玄龄等撰：《晋书·宣帝纪》，卷 1，第 2 页。
② （晋）陈寿撰：《三国志·魏书·刘晔传》，卷 14，第 2140 页。
③ （宋）司马光编著：《资治通鉴》卷 67，汉献帝建安二十年七月，第 2140 页。

应该知足，不要得了陇，还想得蜀。七天后，有蜀降者说操克汉中后"蜀中一日数十惊，备虽斩之而不能安也"。这时，曹操又有点动心了，问刘晔说："今尚可击不?"晔说："今已小定，未可击也。"①

对于曹操没有乘胜入蜀，南朝宋人裴松之认为曹操失掉一次吞并益州的大好机会。他说："魏武后克平张鲁，蜀中一日数十惊，刘备虽斩之而不能止，由不用刘晔之计，以失席卷之会。"②

诚然，占据汉中后，曹操没有立即乘胜入蜀，确实具有很多的困难：（1）蜀道之难更过散关，以疲惫之师越险攻蜀，怎得"席卷"；如果曹军深入，蜀军据险守要，会使曹军陷入进退两难之地。（2）后顾之忧太重，江东孙权、荆州关羽均在窥伺自己的后路，如果大兵入蜀，必将授孙权、关羽以机，腹背受敌，后果不堪设想。（3）陇右初平，羌人未附，汉中初定，根基不稳，遽然推进，后需难继。（4）"内有忧逼"，曹操后方的统治并不稳定。

那么，曹操"既得陇"，能否"复望蜀"呢?答案是肯定的。理由如下：

其一，有当时敌我双方谋臣意见之参考。从操方看，谋兵不亚于操、后迁大将军大都督而数败诸葛亮于祁山的司马

---

① （晋）陈寿撰：《三国志·魏书·刘晔传》注引《傅子》，卷14，第445、446页。
② （晋）陈寿撰：《三国志·魏书·贾诩传》，卷10，第330页。

懿认为"机不可失"；颇有军事才能、屡为曹操称许、在曹丕称帝后屡献大谋以应吴、蜀的刘晔亦认为，应该"因其倾而压之"，富有远见地指出如果不取，"必有后忧"。这就是说，当时主张入蜀的人并非一般人等，而是善知军谋的杰出人物。他们完全是度势而言，绝非一时冲动。再从刘备方看，刘备谋臣法正作了如下分析："曹操一举而降张鲁，定汉中，不因此势以图巴、蜀，而留夏侯渊、张郃屯守，身遽北还，此非其智不逮而力不足也，必将内有忧逼故耳。"这就是说，法正也认为，以曹操之智谋和势力，足可以"因此势以图巴、蜀"。正因为如此，当得知曹操率大军北还而留夏侯渊、张郃屯守时法正非常兴奋，即对刘备说："今策渊、郃才略，不胜国之将帅，举众往讨，则必可克。"①

其二，从军事态势看，曹操克汉中，入南郑，益州震动。蜀臣杨洪后来说诸葛亮增兵刘备时说过："汉中，益州咽喉，存亡之机会，若无汉中，则无蜀矣。此家门之祸也，发兵何疑！"②可见，曹兵驻扎南郑，实将益州北门控制在手，形势极为有利；当时的张鲁已入巴中，准备投降；不久，巴郡内的七姓夷王、賨邑侯均降附，曹操因分巴郡为三，以夷帅分别担任巴东、巴西、巴郡太守。这就是说，益州刺史部的北部，包括汉中、巴郡等实已成为曹操的实际控制或间接控制

---

① （宋）司马光编著：《资治通鉴》卷68，汉献帝建安二十三年，第2152页。
② （宋）司马光编著：《资治通鉴》卷68，汉献帝建安二十三年，第2155页。

之地。大概也正是因为这个，不久之后，张郃才能够"督诸军徇三巴，欲徙其民于汉中，进军宕渠（今四川渠县）"。另一方，当时刘备的主要军事势力，的确如司马懿所说正远争江陵，曹操建安二十年（公元 215 年）七月入南郑，刘备听到"曹公定汉中，张鲁遁走巴西"①的消息，而急于同孙权分荆州媾和， 及至引军还江州（今重庆），已是当年十一月间的事。可见，至少有四个月的时间，军事优势一直是在曹操一方。或谓益州震动，"蜀中一日数十惊"，不过是数日之事，七日之后已"小定"，如果苦历时日，及至打到成都，蜀已"大定"。这是静态地看问题。曹操破汉中，蜀人震惊，只是当知曹操大军驻汉中不进时才有了七天后的"小定"；如果不是这样，而是大军继胜而进，那么蜀中就绝不会"小定"，而必是惊上加惊，也绝不会是一般的"斩之而不能安"，而必是唯恐逃命不及了。

其三，从地理形势看，大都强调蜀道之难。事实上，蜀道难固难矣，但并不是曹操之根本所虑。当时，汉中郡属益州刺史部，是益州的北部屏障和门户，阳平关既是南郑的关隘，又是益州的关隘。克阳平，取汉中，实际便扼住"益州咽喉"，然后即可避过米仓山、大巴山艰难之处，沿嘉陵江谷地南进入蜀。历史证明，张鲁投降后，曹操引大军还，留张

---

① （晋）陈寿撰：《三国志·蜀书·先主传》，卷 32，第 883 页。

郃与夏侯渊守汉中，随后张郃即按照曹操的意图，别督诸军进入巴东、巴西二郡，"徙其民于汉中"，甚至一直打到宕渠，只是因为到宕渠"为备将张飞所拒"，才"引还南郑"①。宕渠为今之四川渠县，地处川东达县地区西南部。可见，张郃的部队已能到达益州腹地。他们并没有因为地理方面的困难而不前。从另一方面看，张郃到达宕渠，刘备令张飞与张郃战于瓦口，张郃收兵还南郑，张郃回军路上和不久之后蜀军向汉中进发，似乎也没有遇到什么严重的地理方面的困难，即到达了阳平。因此可以肯定，在当时即使地势有所不利、蜀道亦有艰难，但并没有困难到难以用兵的程度，况且开始时尚无劲兵把守，实难阻止大兵压境。所以，不能以此证明曹操不入蜀的决策是正确的。

其四，后顾之忧虽有，但并不可怕。曹操征张鲁之时，亦是孙权、刘备矛盾日趋明朗化之时。曹操毅然用兵汉中，也正是由于看准了这一点。同时他也早已料到谋兵汉中以后，孙权会有动作，所以才有"贼至乃发"的密教给张辽等。曹操将攻汉中，本已剑拔弩张的孙、刘两家"更寻盟好，遂分荆州"；七月曹操陷阳平、取南郑，八月间孙权即率众十万围合肥，结果惨败于曹操的预谋之下。应该说，孙权、关羽等的确是后顾之忧，不可不预防。但就当时的情势看，并不可

---

① （晋）陈寿撰：《三国志·魏书·张郃传》，卷32，第526页。

怕，一是孙权新败，余悸未平，短时间内不可能组织大的进攻；二是孙、刘矛盾依然存在，不可能形成可靠的联盟；三是孙、刘两家当时均无进取中原之谋。事实也证明，从建安二十年（公元 215 年）七月曹操拔汉中，到二十一年（公元 216 年）二月曹操还邺，以至二十二（公元 217 年）年正月曹操主动攻孙权，前后一年半，孙权均无大的行动。因此，不能把后顾之忧看得太重；事实上，曹操也没有把它看得太重。

第五，羌人新败未必尽附，但一时尚不构成后方的威胁。论者或谓羌人新附、关陇不稳亦是曹操不敢贸然入蜀的原因之一。实则从历史记载看，当时的羌、氐诸部虽不内附，并曾助马超、韩遂抗操，但极少主动攻击中原，每有战事，多系被动受兵。夏侯渊受命讨伐马超、韩遂，因势击其辅助势力，于是有了攻击兴国氐、长离羌和围枹罕斩宋建，以及张郃兵入湟中，降服诸羌之举。当时韩遂已死，马超已奔，诸羌虽众，但诸部多附于曹，并未形成什么统一的反抗力量。所以，就当时之大势看，诸羌不会贸然行动，曹操也不该因此而影响对于大局的判断。

可见，曹操既取汉中而不乘势入蜀，是其一生中不亚于赤壁之败的又一次战略性错误。造成这次错误决策的根本原因是曹操急于巩固和发展朝中权力，急于回朝筹划晋爵为王，进而"设天子旌旗，出入称警跸"和戴上"十有二旒"的天子才能戴的冠冕，"乘金根车，驾六马，设五时副车"。果如司马懿所说，机不可失，时不再来。自此之后，刘备、诸葛亮自始至终都把汉中作为最重要的战略要地，紧紧地扼住了益州的出入门户；曹操则从此陷入被动挨打局面，从外线主动进攻转为内线被动御敌，以至不仅再无谋蜀的机会，而且保留既得地盘也陷入了困难，从而也为子孙谋取统一大业留下了难以逾越的沟坎。

历史的结局是人类历史实践活动的结果，因而也是检验历史人物谋略、决策及其行动是否正确的标尺。

曹操自汉中还邺而没有乘胜入蜀，永远失去了再次谋蜀的可能，随之而来的就是不断的军事失败，统一的愿望也彻底化为泡影。[1]

---

[1] 参见张作耀著：《曹操传》，第 214—227 页。

第七章　唯才是举

天下之争，往往就是人才之争。历史不止一次地证明，诸雄争立，最后的胜利者，往往都是善于罗致人才、善用人才者。曹操是一位富有远见的政治家，重视对人才的罗致和使用，终其一生而不移，这是曹操获得成功的重要条件之一，也是他治理思想中贯彻始终的亮点之一。曹操"唯才是举"的用人方针和用人实践，表现了他高超的驭人之术和用人的非凡气度。他不仅善于聚才，而且善于用才，能够因人而异，量才任使，做到智者采其智，武将任其勇，文职尽其能，这在汉末三国时期是没有人能够与他相比肩的。

一、任天下之智力

靠什么得天下？怎样才能建立与巩固政权？

关于这个问题，曹操与袁绍起兵讨伐董卓时，有过一次对话。袁绍问："若事不辑，则方面何所可据？"曹操反问道："足下意以为何如？"绍说："吾南据河，北阻燕、代，兼戎狄之众，南向以争天下，庶可以济乎？"操说："吾任天下之智力，以道御之，无所不可。"①

寥寥数语，鲜明地反映出二人在取胜之道和治术方面的截然不同。袁绍把地理环境与物质要素作为第一要素；曹操则认为，成功之道，最重要的是得人，只要能有正确的政治思想路线，驾驭并任用天下之智力（既包括智谋之士，也包括能战之勇力），在什么样的地方都可以发展势力，最终夺取天下。

曹操为了说明这一问题，针对袁绍的观点，他进一步指出：

> 汤、武之王，岂同土哉？若以险固为资，则不能应机而变化也。②

---

① （晋）陈寿撰：《三国志·魏书·武帝纪》，卷1，第26页。
② （晋）陈寿撰：《三国志·魏书·武帝纪》注引《傅子》，卷1，第26页。

商汤起自东方，周武王起自西方，地理环境不同，但都取得了天下，可见地理条件不是决定性的因素；如果仅以地理的险固为依靠，那么就不能随着形势的变化而变化了。

历史证明，袁绍和曹操都把自己的观念贯彻在实践之中。袁绍如愿以偿，占有冀州，为冀州牧，兼有冀、青、幽、并之地，地不可谓不广，亦不可谓不固，但刚愎自用，不善网罗人才、使用人才，文如荀彧、郭嘉，武如张郃、高览等都先附而后离去，枢机重臣如沮授、田丰等谋不能用，或削其权，或监而杀之。结果，虽据险固之地，但不能如其谋臣田丰所说，"据山河之固，拥四州之众，外结英雄，内修农战，然后简其精锐，分为奇兵，乘虚迭出，以扰河南"①。所以，带甲虽众，但不善御，最终丧师失地，呕血而死。曹操则不同，始终把网罗人才作为首要大事来对待，每得一人才，往往喜形于色。初平二年（公元191年），荀彧离开袁绍投奔曹操，曹操素闻荀彧名，见到荀彧，情不自制，"大悦"，说"吾之子房也"②。建安十三年（公元208年）七月进军荆州，八月刘表病死，谋士蒯越（字异度）等劝刘琮降曹。曹操就此事写信给荀彧说："不喜得荆州，喜得蒯异度耳。"③不无夸张地说得一人才比得一州之地还高兴，也就是曹操敢

---

① （晋）陈寿撰：《三国志·魏书·袁绍传》，卷6，第200页。

② （晋）陈寿撰：《三国志·魏书·荀彧传》，卷10，第308页。

③ （晋）陈寿撰：《三国志·魏书·刘表传》注引《傅子》，卷6，第215页。

有此口气了。及至后来，曹操权力日隆，野心日大，他就常以周公自比，并决心效周公虚心纳士、广罗人才之故事，做出一番惊天动地的大事来。

曹操时期的管选举机构是在丞相府内设立的东曹、西曹。东曹主管二千石以下政府及军队中官员的任免事宜，西曹主管丞相府内官员的任免事宜。负责具体工作的官员称掾属。曹操"惟才是举"用人方针的执行，在很大程度上靠的就是这个东、西曹的掾属。因此，他特别注意东、西曹掾属的选用，任用崔琰、毛玠等人，帮助他举荐与选拔人才。

曹操虚怀待人，不惜爵赏，使许多人都甘为其所用。一大批仕人集中邺下，形成了事实上的文臣武将集团；众多的智能人士，被破例授官，出则牧守，入则列卿或中枢要津。这是曹操谋取大业的人才资本，也是他"任天下之智力，以道御之"所取得的实际效果。

二、唯才是举

"惟才是举"是曹操用人思想的重要特色。

曹操在创业初期，主要是采取招降纳叛的手段网罗人才。每攻占一个地方，每打败一个敌人，他总会得到一些人才。取得"挟天子以令诸侯"地位以后，除继续招降纳叛外，他还注意要下属推荐人才，以朝廷名义征召一些人才，从而形成了人才济济的局面，奠定了统一北方的坚固基础。

赤壁战后，随着曹操统治地区的进一步扩大，以及他的统治地位的进一步巩固，为了发展统治区的政治、经济、军事与文化，治理好国家，为了进一步统一全国，曹操凭借手中的权力，公开树起了"惟才是举"的用人旗帜，先后下了三次求贤令，进一步选用和提拔人才。

建安十五年（公元210年）春，曹操发布《求贤令》说：

> 自古受命及中兴之君，曷尝不得贤人君子与之共治天下者乎？及其得贤也，曾不出闾巷，岂幸相遇哉？上之人不求之耳。今天下尚未定，此特求贤之急时也。"孟公绰为赵、魏老则优，不可以为滕、薛大夫。"若必廉士而后可用，则齐桓其何以霸世！今天下得无有被褐怀玉而钓于渭滨者乎？又得无有盗嫂受金而未遇无知者乎？二三子其佐我明扬仄陋，唯才是举，吾得而用之。①

曹操一针见血：自古开国与中兴之主，哪有不是得到贤人君子和他共治天下的呢？而他们所得到贤能之人又往往来自民间不起眼的地方，难道这是侥幸碰到的吗？是当政的人去访求才得来的。现在天下尚未完全平定，正是迫切需要贤才辅佐之时。如果一定要从廉洁高尚的人中间选用，那么齐桓公又怎么能称霸当世呢？现在天下难道没有姜子牙那样被

---

① （晋）陈寿撰：《三国志·魏书·武帝纪》，卷1，第32页。

褐怀玉而不被发现的大才吗？又难道没有像陈平那样"盗嫂受金"还没有遇到像魏无知那样有眼光赏识他的人吗？你们应该帮助我发现和选拔那些地位低下而被埋没的人才。只要有才能，我就会用其所长，共治天下。

管仲是春秋时期的大政治家。年轻时曾同鲍叔牙合伙经商，分财利时，管仲欺骗鲍叔牙自己多拿，被认为是不廉洁，后来辅助齐公子纠，曾谋杀小白（齐桓公）。齐桓公不嫌管仲有不廉之名，也不计较他曾谋害过自己，任用他为卿相，终于成为春秋首霸。姜子牙早年不得志，在渭水边钓鱼，周文王访到了他，请他辅佐自己。文王死后，他帮助武王灭商，完成兴周大业。陈平家境贫寒，先辅佐项羽，后由魏无知推荐到刘邦手下做官，后来被人进谗言，说他曾和嫂子私通，又受过贿赂。刘邦责备魏无知，魏无知说："当今楚汉相争，最需要人才，陈平是有奇谋的人，对国家很有用，盗嫂受金，又有什么值得疑虑的呢？"

曹操举这几个事例，要求僚属们帮助他发现寻找那些出身低微或德行不够廉洁，但有才能的人。在此基础上，他明确提出了"惟才是举"的用人方针。

建安十九年（公元214年）十二月，曹操又下了一道求贤令，这就是《敕有司取士勿废偏短令》，令中说：

　　夫有行之士，未必能进取，进取之士，未必有行也。
陈平岂笃行，苏秦岂守信邪？而陈平定汉业，苏秦济弱燕。

由此言之，士有偏短，庸可废乎！有司明思此义，则士无遗滞，官无废业矣。①

　　很清楚，这是建安十五年（公元210年）《求贤令》的新发展。曹操指出，德行好、能力也好、十全十美的人是很少的，职能部门必须明白"士有偏短"的道理，选人不要求全责备，而要发现其济世之能。曹操认为，只要这样做了，那么有才能的人就不会被埋没，官府的事也自然就会有人去做。

　　曹操明确指出：有德行的人，未必能有所作为，有作为的人未必能有德行。不能说陈平品德好，也不能说苏秦守信用。但陈平能协助汉高祖刘邦奠定西汉帝业，苏秦能救助弱小的燕国。由此说来，有才能的人即使有短处，怎么能够废置不用呢！主管选拔官吏的部门好好考虑这个道理，那么有才能的人就不会被埋没和遗漏，官府也就没有旷废的事了。

　　在第二道求贤令中，曹操除再次提到陈平外，又举了苏秦的例子。苏秦是战国时期纵横家，曾游说燕、赵、韩、魏、齐、楚六国联合（"合纵"）抗秦，后来齐燕间闹对立，苏秦又劝说齐王归还燕国十城，齐人因此说他反复无信。在这里，曹操又一次说明了虽然人才品德有偏短，但也不能废弃不用的道理。他决心继续选拔有真才实学的人，来壮大本集团的力量，扩大他的统治基础。

---

① （晋）陈寿撰：《三国志·魏书·武帝纪》，卷1，第44页。

建安二十二年（公元 217 年）八月，曹操又下了第三道
求贤令（《举贤勿拘品行令》），令文说：

> 昔伊挚、傅说出于贱人，管仲，桓公贼也，皆用之以
> 兴。萧何、曹参，县吏也，韩信、陈平负污辱之名，有见笑
> 之耻，卒能成就王业，声著千载。吴起贪将，杀妻自信，散
> 金求官，母死不归，然在魏，秦人不敢东向，在楚，则三晋
> 不敢南谋。今天下得无有至德之人放在民间，及果勇不顾，
> 临敌力战；若文俗之吏，高才异质，或堪为将守；负污辱之
> 名，见笑之行，或不仁不孝而有治国用兵之术。其各举所
> 知，无有所遗。①

从前伊挚、傅说出身微贱，管仲曾是齐桓公的仇敌，都因
统治者重用他们，而使国家兴盛。萧何、曹参原先是县吏，韩
信、陈平曾经蒙受不光彩的名声，有被人讥笑的耻辱，但他
们终能成就王业，名传后世。吴起贪图做将军，杀了妻子，
取得鲁君的信任，又曾散尽家财谋求官位，母亲死了也不回
家。然而吴起在魏国为将，秦国便不敢向东侵犯魏国；在楚
国任相，韩、赵、魏三国就不敢向南侵犯楚国。现在天下难
道没有品德极高的人还埋没在民间？以及那些在军伍中勇敢
果决，不顾生命同敌人奋力死战的人；或者担任下级官吏，

---

① （晋）陈寿撰：《三国志·魏书·武帝纪》注引《魏书》，卷 1，第 49、50 页。

而有超人的才能和优异的素质的人；或者胜任将军、郡守，却背上不好名声，行为被人耻笑的人；或者不仁不孝而有治国用兵之术的人，你们要把自己所知道的都推荐上来，不要有所遗漏。

《举贤勿拘品行令》列举了五种类型的人物说明"举贤勿拘品行"之见。第一类是出身微贱，但国家待之以兴的，如商代的伊尹和傅说。伊尹，亦名伊挚，出身奴隶，助汤灭夏；傅说，商代武丁时大臣，本为庸筑于傅岩（今山西平陆东）的奴隶，武丁得之举以为相，国遂大治。第二类是仇人，但助国以霸的，如春秋时齐国的管仲，曾用箭射中齐桓公的带钩，桓公释仇而用，终成霸业；第三类是名气不大，但甚有治才的，如汉初萧何、曹参。萧何初为沛县吏掾，后随刘邦起事打天下，论功萧何第一；曹参代萧何为丞相，"举事无所变更，一遵萧何约束"①，国家称平。萧、曹皆为历史名相；第四类是"负污辱之名，有见笑之耻"，但最终助成王业，名垂千古的，如汉初的韩信、陈平。韩信家贫，常从人寄食，曾受"胯下之辱"。史载，淮阴少年侮辱韩信说："能死，刺我；不能，出胯下。"韩信"俯出胯下，一市皆笑信，以为怯"②。陈平，素有"盗嫂受金"之讥；第五类是不仁不孝，

---

① （汉）司马迁撰：《史记·曹相国世家》，卷54，中华书局2003年版，第2021页。

② （汉）班固著：《汉书·韩信传》，卷34，第1862页。

但有用兵之术者，如战国时的吴起。吴起，为了要做鲁国的将，把自己的齐国老婆杀了；为了求官，把家里的财产全部用光了；母死，不归，是个不仁不孝的人物。但仕鲁大破齐国，仕魏击秦拔五城，"守西河而秦兵不敢东乡（向）"，仕楚则"明法审令，捐不急之官，废公族疏远者，以抚养战斗之士"，"于是南平百越，北并陈、蔡，却三晋，西伐秦，诸侯患楚之强"①，此即曹操所谓吴起"在魏，秦人不敢东向，在楚，则三晋不敢南谋"。曹操以此相类，希望大家各举所知，勿有所遗，不管是埋没在民间的"至德之人"，还是"果勇不顾，临敌力战"的人；不管是普通小吏中的"高才异质"堪为将守者，还是自负污辱之名、见笑之行，甚至不仁不孝但有治国用兵之术者，统在荐举之列。②

在第三道求贤令中，曹操除第三次提到陈平，再次提到管仲外，又列举了历史上出身低微、品行不端而又才能突出，建立重大的功业的人物，强调"惟才是举"的用人方针。伊挚，即伊尹，奴隶出身，辅佐商汤灭了夏桀。傅说也是奴隶出身，被商王武丁举用为相，治理国家。萧何、曹参出身低微，后来辅佐刘邦有功，都位至丞相。韩信年轻时家境贫寒，曾向漂母讨饭，还忍受胯下之辱，后来成了刘邦的大将。吴起是战国时的兵家，是卫国人。在鲁国时，齐国攻鲁，鲁君因

---

① （汉）司马迁撰：《史记·吴起列传》，卷65，第2268页。
② 参见张作耀著：《曹操传》，第303、304页。

其妻是齐国人，不敢任他为将，于是他杀了妻子当了大将，打败了齐国的进攻。他年轻时为了外出做官，花光了家财，被人讥笑，他发誓不位至卿相，决不还乡，不久母亲死去，果然没有回家，为此其师曾参还把他开除了门墙。然吴起后来在魏国、楚国为将相，建立了功业。

在这里，曹操又一次要求有关部门及各级官吏，把那些埋没在民间、置身于基层的文武人才，或者背着不好名声甚至不仁不孝而有治国用兵才能的人，统统推举出来，以便扩大人才的来源，适应各方面对人才的需要。

曹操三次下求贤令的基本精神是"惟才是举"，就是只要有才能，即使在德行方面有某些缺欠，也要加以任用，这种以才能为主要标准的选官方针，对汉代传统的选官方针是一个很大的冲击，在当时是具有积极意义的。

汉代的选官方针主要是注重德行，注重儒家经典，注重道德品行，注重出身门第，把忠孝仁义等作为选官的重要标准，对才能方面是比较忽视的。这样一个选官标准，往往不可能把有治国平天下真才实学的人选拔上来，让他们治理好国家和军队，当然就更谈不到在乱世之中拨乱反正了。曹操打破了选官的旧传统，抛弃了选官的旧标准，大胆地提出了只要有"治国用兵"之术，即使是有"不仁不孝"行为的人，也可以被选用的方针，从而确立了以才能为根本的选官制度，以适应拨乱反正的需要。

应该指出，曹操的"惟才是举"，并不是不要德行，如果德才兼备那当然更好，只是在现实中德才兼备的人不多，不能由于过分看重德行，而把有才能的人弃而不用。

曹操不看重德行，主要是指在乱世，而且也只是指在德行的某些次要方面有偏短，并不是指在根本上的不忠。如果在政治上有不忠于自己，不利于自己统治的人，他是要排斥的，即或是已经重用的人，也要加以清除。如在第三道求贤令中，他把"至德"之人放在了首位。这表明曹操是要德行的，要忠孝仁义的。只是因为能够治国安邦的人才匮乏，对有才能的人，不能求全责备而已。[①]

三、用人不拘一格

曹操唯才是举、选贤举能的方法论可以概括为用人不拘一格。

其一，用人不避亲，把从征故旧置于重要的位置。

曹操陈留起事，宗族亲友、谯县故旧多有从者。这些人构成了曹操集团最初的核心，是曹操最靠得住的心腹股肱。主要成员有夏侯惇、夏侯渊、曹仁、曹洪、曹休、曹真等人。[②]

其二，不疑归从，授以重任。

---

① 参见柳春藩著：《魏武帝大传》，第213—215页。
② 参见（晋）陈寿撰：《三国志·魏书·诸夏侯曹传》，卷9，第267—307页。

曹操诸多部属是别部或敌对一方来归者。对于归从者，曹操以诚相待，听其言，重其谋，授以重任，不以外人视之，致力笼络，使他们成为曹操集团的得力人物。如荀彧、郭嘉、贾诩、董昭、袁涣、王修、邴原、管宁、任峻、徐晃、朱灵、李通、许褚等。

其三，大胆用降，量功行赏。

曹操属下屡建功勋的武将和卓有才华的文臣，有不少是其敌方失败后投降曹操的。曹操对待这些人，尤其注意待之以诚，敢于授以实权，使其尽信国事而不疑。如张辽、张郃、文聘、庞德、陈琳等。

其四，拔将才于卒伍之间。

曹操用人不拘一格，最突出的表现当属拔将才于卒伍之间。不管是别人推荐，还是自己发现的，只要看准了即予重用，建功即擢，有的人不几年，即由士卒而升为将军。如乐进、于禁、典韦、许褚等。

其五，征召地方官吏和布衣俊秀。

曹操罗致文官谋臣最常用的办法是征、召、拜、辟。征，指征聘；召，指召募；拜，是据礼授官；辟，亦有征召意，但通常是指对已有相当地位的人的征召。这些办法的共同特点是，朝廷和身居高位的人以敕令和公文形式提拔、招致下级官员和地方贤能，并授予官职。

曹操身居汉相，位尊王公，切实地利用了职权。他不仅能在自己的辖区内征召官员，而且还可以以皇帝的名义在全国各方征召官员。

历史表明，曹操的司空军谋、丞相掾属和建国的领导班子成员及其他重要部属，大都是通过征召途径罗致的。根据礼法和传统，一经征召，便从形式上成了征召者的部属。这些人，在建立、维护、巩固曹魏政权方面，大都发挥了重要作用，建立了卓越功勋。

从历史记载来看，曹操以朝廷名义直接征召并授以重要权力的人物有数十人之多，其中如荀攸，曾为中军师，建国期间官至魏国尚书令；凉茂，官至左军师、魏国尚书仆射；国渊，官至太仆，位居列卿；徐奕，官至丞相留府长史、魏国尚书、尚书令；何夔，官至丞相东曹掾、魏国尚书仆射；邢颙，官至太子太傅；鲍勋，官至侍御史；司马芝，官至大理正；卫觊，官至尚书，魏国侍中；刘廙，官至丞相掾属，魏国黄门侍郎；陈矫，官至尚书；和洽，官至魏国侍中；崔林，官至魏国御史中丞。其他如刘放、刘馥、司马朗、司马懿、梁习、郑浑、桓阶、陈群、徐宣、韩暨、高柔、王观、辛毗、杨阜、高堂隆、满宠、田豫、牵招、徐邈、胡质、王凌等，均得显官。曹操死后，这些人中的未故者，继仕曹丕，大都成为曹魏政权的中坚力量，官阶日隆，多至中枢者。①

---

① 参见张作耀著：《曹操传》，第 304—310 页。

四、周公吐哺，天下归心

曹操盼才、爱才、惜才、敬才、信才、用才之意固浓。他求贤若渴，虚心对待贤才，想把大量人才延揽到手，使天下人归心，帮助其完成统一大业的心情，在《短歌行》一诗中有着真切的表现：

对酒当歌，人生几何！
譬如朝露，去日苦多。
慨当以慷，忧思难忘。
何以解忧？惟有杜康。
青青子衿，悠悠我心。
但为君故，沉吟至今。
呦呦鹿鸣，食野之苹。
我有嘉宾，鼓瑟吹笙。
明明如月，何时可掇？
忧从中来，不可断绝。
越陌度阡，枉用相存，
契阔谈宴，心念旧恩。
月明星稀，乌鹊南飞。
绕树三匝，何枝可依？
山不厌高，海不厌深。
周公吐哺，天下归心。[①]

---

① （三国）曹操著：《曹操集》，第5页。

　　曹操这首诗，开头流露出人生无常的感伤情绪，感叹时光过得太快；接着表达功业尚未最后完成，对求得贤才的真诚态度；最后以周公自比，表达依靠贤才，建功立业，安定天下的博大襟怀和雄心壮志。

　　"杜康"相传是中国古代发明酿酒的人，这里为酒的代称。"青青"两句是《诗经》中的成句，"衿"是衣领，"子"是对所思念之人的称呼，这里借以表示自己对人才的渴望和期盼。"呦呦"四句也是《诗经》中的成句，说对于尊贵的客人要待以高规格的礼遇，这里借以表示自己对人才的欢迎和礼遇。"明明"四句，以拾取不到明亮的月亮作比喻，表示自己渴求贤才而未得到的忧虑。"越陌"四句是表露故人走过许多道路来访，谈心宴饮，重温旧时友谊的快乐心情。"月明"四句，用乌鹊择木而栖，比喻在乱世中的贤才择主而事，表达自己盼望贤才来归的心情。"山不"四句，借山海做比喻希望接纳贤才越多越好。"吐哺"是吐出嘴里正在咀嚼的食物，即中途停止吃饭。周公曾说："我一沐三握发，一饭三吐哺，起以待士，犹恐失去天下贤能之士。"曹操最后表示，自己要像周公那样，以一饭三吐哺的精神，虚心对待贤才，使天下人心归附。全诗充分表达了曹操延揽人才的迫切愿望和决心。

　　另外，曹操还有一首《善哉行》诗，描述宴请宾客时的感受，同样表现了他"吐握不可失"、希望济世安邦者能够为他所用的心情。诗中说：

朝日乐相乐，酣饮不知醉。

悲弦激新声，长笛吹清气。

弦歌感人肠，四座皆欢悦。

寥寥高堂上，凉风入我室。

持满如不盈，有德者能卒。

君子多苦心，所愁不但一。

慊慊下白屋，吐握不可失。

众宾饱满归，主人苦不悉。

比翼翔云汉，罗者安所羁？

冲静得自然，荣华何足为！①

　　酣饮美酒，弦歌感人，一片欢乐场面。一阵凉风吹来，使自己的头脑顿时清醒。诗意急转而升华，诗人告诫自己身居高位绝不可骄傲自满，只有有德之人能够善始善终，需要操心的事很多很多，让人犯愁的事也不止一件。但什么事情最重要呢？谦虚待人，礼贤下士，"吐握不可失"；虽然已有不少人才入我彀中，饱餐而归，但犹悉还没有把所有人才罗致而来。因而诗人不由感慨："比翼翔云汉，罗者安所羁？"如果让一些有用的人才如鸟儿一样高飞远去，那就很难再罗致到他们了；"冲静得自然，荣华何足为！"恬静淡泊的人悠悠自得惯了，荣华富贵是不能打动他们心的。

---

① （三国）曹操著：《曹操集》，第9—10页。

　　曹操对人才渴求和真诚的态度，还处处表现在他的日常实践中。

　　官渡之战前，在曹操的吸引之下，有一些智能之士弃袁绍投曹操，曹操如获至宝，都非常欢迎和敬重。他称赞荀彧说："真是我的张子房啊！"又称赞郭嘉说："使我成就大事的，必定是这个人。"官渡之战时，许攸来投，曹操来不及穿鞋，光着脚匆忙出来迎接。对于犯了罪过甚至是犯了可杀之罪的人，只要他们有悔改表现，因爱其才，曹操也不计较。曹操在争夺兖州时，魏种背叛了他跟随了张邈。曹操得知这一情况后大怒说："魏种，只要你不是南逃到越地，北逃到胡地，我是不会放过你的！"后来攻下射犬，活捉了魏种，曹操又说："魏种是个人才啊！"给他松了绑，任命他为河内太守。官渡之战胜利后，陈琳被抓，曹操爱惜他文采出众，不念旧恶，不计较陈琳过去辱骂自己三代，只教训了他几句仍旧用他为官。

　　对于有名望、影响大或是学问博雅的士人，曹操也是礼贤下士，非常敬重。邴原很有学问，北海人，在青州与儒学大师郑玄齐名，清高自许，公孙度称他为"云中白鹤"。投归曹操，曹操任命他为司空东阁祭酒，对他的态度非常谦恭礼敬。北伐乌桓回来设宴招待士大夫，曹操听说邴原到了，大为惊喜，立即出迎，并对邴原说："贤人实在是难以预料啊！我本来估计您是不会来的，可您却屈驾从远处赶来了。这实在是满足了我的渴盼之心啊！"此后，曹操对邴原更加敬重。荀攸为曹操出谋划策，表现了有很高的智慧，而且学问渊博，曹操称魏王后，对世子曹丕说："荀公达，是人们的师表，你应当对他恭敬有礼。"

曹操用人不疑，不轻信谗言，有人诬告扬州别驾蒋济谋反。曹操根据蒋济的一贯表现，认为这是不可能的。对于禁、封仁等人说："蒋济哪能会有这种事呢！如果有，我就是不知人了。"然后下令把蒋济放出来，还把蒋济调到自己身边工作，任丞相主簿西曹属。这样既把蒋济被告的事公开了，对蒋济加以保护，也给在扬州工作的人壮了胆。奋武将军程昱个性太强，时常与别人闹矛盾，得罪了一些人，时间长了，就有人告他谋反，曹操深知这个在兖州立过大功的人不会背叛他。有人越是告他，曹操就越是厚待他。

黄门侍郎卫臻是支持曹操陈留起兵的卫兹之子。东郡朱越谋反，诬陷卫臻与他同谋，曹操不相信。让荀彧调查，果然没有此事。不久，曹操安排卫臻在自己身边任参丞相军事，并追录其父过去的功勋，赐卫臻爵关内侯。

历史表明，曹操不仅善于聚才，对人才态度诚恳，爱才、敬才、信才，而且善于知才、用才，发挥各方面人才的作用。

从政治、经济方面来说，"奉天子以令不臣，修耕植以蓄军资"，是由毛玠首先向曹操提出的；兴屯田的办法，首先是枣祗提出的，曹操都采纳实行了，从而使自己立于不败之地。

从军事战略策略方面来说，官渡之战前，曹操采纳荀彧与郭嘉建议的先南后北，最后对抗袁绍的方针，取得了用兵河南的胜利；官渡之战时，曹操多次听取谋士建议（主要是荀攸的声东击西，荀彧的再坚持不能退兵，许攸的袭烧乌巢屯粮），取得了对袁绍的决定性胜利；官渡之战后，曹操接受了荀彧、郭嘉的建议，采取先平定河北，后南下荆、扬的方针，取得了占据北方的胜利；远征乌桓时，接受了田畴的出卢龙塞偷袭敌人的建议，打败了乌桓与袁氏的联军；争夺关西时，接受了贾诩的离间马超、韩遂的建议，取得了渭南大捷；后来，关羽威震华夏，曹操接受了司马懿、董昭的建议，利用孙权同刘备的矛盾，诱使孙权派吕蒙偷袭荆州，保住了襄樊战略要地。

曹操手下战将云集，有的性如烈火，视死如归，如典韦、许褚等，每有大战、恶战，曹操不是派他们坚守营寨，做好防卫，就是派他们披坚执锐，冲锋陷阵；有的智勇双全，如曹仁、张辽、张郃等，曹操不是把他们安排在战略要地进行镇守，就是在战时派他们统率军队独当一面；有的胆识不足，曹操就把他们与适合的主帅搭配起来，发挥应有的作用。最典型的事例就是公元215年孙曹的合肥之战，张辽、乐进、李典合力大败孙权，守住了合肥。①

---

① 参见柳春藩著：《魏武帝大传》，第220—222页。

总之，曹操任人唯贤，惟才是举，成效是显著的。有史家称赞他说：

> 知人善察，难眩以伪，拔于禁、乐进于行阵之间，取张辽、徐晃于亡虏之内，皆佐命立功，列为名将；其余拔出细微，登为牧守者，不可胜数。是以创造大业，文武并施。①

---

① （晋）陈寿撰：《三国志·魏书·武帝纪》注引《魏书》，卷1，第54页

第八章　抑制兼并，倡办教育

　　曹操不仅军事才能出众，也很有政治头脑。他在《度关山》中说："天地间，人为贵。立君牧民，为之轨则。车辙马迹，经纬四极。黜陟幽明，黎庶繁息。於铄贤圣，总统邦域。封建五爵，井田刑狱。有燔丹书，无普赦赎。皋陶甫侯，何有失职？嗟哉后世，改制易律。劳民为君，役赋其力。舜漆食器，畔者十国，不及唐尧，采椽不斫。世叹伯夷，欲以厉俗。侈恶之大，俭为共德。许由推让，岂有讼曲？兼爱尚同，疏者为戚。"这充分反映出他的政治理想是要实现国家统一，进而富国强兵。为了达到这一目标，曹操在治国上注意抑制豪强势力，注重民生经济，同时移风易俗，发展教育事业。

一、抑制豪强

建安九年（公元 204 年）九月，曹操打败袁绍，基本上控制了河北以后，针对袁绍弊政所造成的恶果和战乱以来民生凋敝、经济萧条以及豪民兼并的严重情况，发出了两道命令，一为《蠲河北租赋令》，令说：

> 河北罹袁氏之难，其令无出今年租赋。[①]

这是一种恤民性质的临时措施，虽然仅免一年的租赋，但对于争取民心当有极大好处。

另一道命令是更能反映曹操思想的重要材料——《抑兼并令》（也叫《收田租令》），令文说：

> "有国有家者，不患寡而患不均，不患贫而患不安。"袁氏之治也，使豪强擅恣，亲戚兼并；下民贫弱，代出租赋，衒鬻家财，不足应命；审配宗族，至乃藏匿罪人，为逋逃主。欲望百姓亲附，甲兵强盛，岂可得邪！其收田租亩四升，户出绢二匹，绵二斤而已，他不得擅兴发。郡国守相明检察之，无令强民有所隐藏，而弱民兼赋也。[②]

---

① （晋）陈寿撰：《三国志·魏书·武帝纪》，卷 1，第 26 页。
② （晋）陈寿撰：《三国志·魏书·武帝纪》注引《魏书》，卷 1，第 26 页。

　　此令的中心思想是抑制兼并，制止强民将其负担转嫁到小民身上；同时反映了曹操秉政期间一改汉代租赋制度而向租调制度的转变。

　　曹操抑制兼并的理论根据是孔子对冉有和子路说的两句话。《论语·季氏》说，季氏将伐颛臾，冉有和子路去告诉孔子，孔子表示反对并批评了二位弟子，然后阐明了自己的思想："有国有家者不患寡而患不均，不患贫而患不安。盖均无贫，和无寡，安无倾。"曹操引用并从中汲取其合理的思想内核，把抑兼并、重豪强兼并之法用于治理国家，这就是减少不均，缓和矛盾，从而维护社会稳定，促进社会发展。

　　历史表明，东汉是土地兼并最严重的历史时期之一。特别是东汉末期，天灾人祸不断，豪民乘天下动乱之机，大肆兼并土地，以致出现了"豪人之室，连栋数百，膏田满野，奴婢千群，徒附万计""豪人货殖，馆舍布于州郡，田亩连于方国……不为编户一伍之长，而有千室名邑之役。荣乐过于封君，埶力侔于守令。财赂自营，犯法不坐。刺客死士，为之投命。……虽亦由网禁疏阔，盖分田无限使之然也。"[①]正因为如此，曹操既秉汉政，面对社会现实，鉴于历史的经验与教训，尽力抑制豪强兼并、体恤民生、减轻百姓负担的问题。

---

　　① （宋）范晔撰：《后汉书·仲长统传》，卷49，第1651页。

　　抑制豪强兼并是曹操重要的经济政策与主张，反映出了他的均平治国思想。不过，相关内容史载不多，可惜不能进行深入探讨。

二、盐铁官营

　　为了抑制豪强大姓经济力量的膨胀，保证军国的财政开支，曹操秉汉政后，恢复了盐铁官营的政策。

　　盐、铁是与百姓生活十分密切的两种产品，也直接关系到国家的财政收入。西汉武帝以前，由私人经营，被地方上的豪强富户所垄断，谋取暴利，有的盐铁商以此致富达到了万金。有的还以煮盐冶铁积蓄力量，图谋不轨。汉武帝接受了理财家桑弘羊的建议，开始实行盐铁官营政策，抑制了豪强商人经济力量的增长，打击了有割据称雄野心的王国势力，国家的财政收入大量增加。到汉昭帝时期，还专门召集了一次盐铁会议，两种利益的代表者就盐铁官营的利弊展开了激烈的争论，结果继续实行盐铁官营的政策。到东汉和帝时，窦太后临朝听政，"罢盐铁之禁，纵民煮铸"，豪强富商又掌握了煮盐冶铁的大权，经济力量不断增强，这严重损害到国家利益。曹操占据冀州后，正式恢复了盐铁官营的政策，设"司金中郎将"等官职进行管理。结果比较有效地抑制了豪强势力的发展，在一定程度上增加了国家财政收入。[1]

不过，曹操的盐铁政策，是一种以官营为主导，但也允许私人制造与私人贩卖的折中性质的政策。史载，曹操的部属卫觊与荀彧书说："夫盐，国之大宝也，自乱来散放，宜如旧置使者监卖，以其直（值）益市犁牛。若有归民，以供给之。"荀彧以卫觊书告诉曹操："太祖（操）从之，始遣谒者仆射监盐官，司隶校尉治弘农。"[2]从卫觊的"宜如旧置使"和曹操"始遣谒者仆射监盐官"看，曹操恢复了盐官和食盐专卖；但又不像西汉和东汉和帝以前那样严格，似乎也未把盐的生产完全控制到官府手中，对私制和贩卖者也没有严格的处罚制度。这种既监卖，又不控制过死的做法，体现了曹操从实际出发的关于食盐政策的指导思想。

在铁的生产方面，则依然由政府派出的铁官控制。史载，"太祖平荆州，辟为丞相士曹属。后迁乐陵太守，徙监冶谒者。旧时冶作马排（排为吹火工具），每一熟石用马百匹；更作人排，又费功力；暨乃因长流为水排，计其利益，三倍于前。在职七年，器用充实。制书褒叹，就加司金都尉，班亚九卿。"[3]这条史料说明，曹操秉汉政时期，铁的生产不仅规模较大，而且不断进行技术上的革新，收益也归国家所有，

① 参见柳春藩著：《魏武帝大传》，第 150 页。
② （晋）陈寿撰：《三国志·魏书·卫觊传》，卷 21，第 611 页。
③ （晋）陈寿撰：《三国志·魏书·韩暨传》，卷 24，第 677 页。

主事者还因此升了官，所以只能是官营的。[1]

三、以先王之道为教

曹操打败袁绍、进据河北以后，不几年便发布了不少教令，既有政治、军事和经济的，也有教育和文化的。由此不难看出，他对教育事业是重视的；他的教育思想的核心是"以先王之道为教"。

建安八年（公元 203 年）曹操发布了《修学令》：

> 丧乱以来，十有五年，后生者不见仁义礼让之风，吾甚伤之。其令郡国各修文学，县满五百户置校官，选其乡之俊造而教学之，庶几先王之道不废，而有以益于天下。[2]

这里的"文学"，包括各家的著作，但主要是儒家经典。只有儒学教育发展与普及，教化的作用才能明显而长久，才能在国人中树立起礼义廉耻、忠信孝悌的风尚。

这个教令反映出，第一，黄巾起义后，特别是董卓乱政以来，战乱不断，严重地影响了教育。所谓"十有五年，后

---

[1] 参见张作耀著：《曹操传》，第 343 页。
[2] （三国）曹操著：《曹操集》，第 32 页。

生者不见仁义礼让之风"，就是说自从黄巾起义、军阀混战以来，民不安居，庠序不兴，太学不存，教育已经荒废了。汉制举士三途，即举贤良方正，举孝廉，博士弟子，均难执行下去。汉桓帝永康元年（公元 167 年）最后一次"诏大将军、公、卿、校尉举贤良方正"①。灵、献时期，天下既乱，不再有诏举之事。汉献帝初平四年（公元 192 年）九月，最后一次"试儒生四十余人"，十月，"太学行礼"②。所以，曹操不拘一格用人，唯才是举，实乃形势使然。第二，曹操看到教育不兴问题的严重性。曹操的用人思想颇多亮点，但如果用人只强调唯才是举，也必然会带来另一方面的问题。丞相东曹掾何夔说："自军兴以来，制度草创，用人未详其本，是以各引其类，时忘道德。"③曹操认为何夔的话说得对，而且自己亦"甚伤"仁义礼让之风之不行，他为"后生者"即年轻人缺乏教育、不尚仁义、不懂礼让而伤，亦为朝臣不明礼让之用而伤，因此时或发出号召，倡导朝臣礼让。他在《礼让令》中说："里谚曰：'让礼一寸，得礼一尺，'斯合经之要矣。"④"辞爵逃禄，不以利累名，不以位亏德之谓让。"⑤这都是对朝臣说的话。诸此都说明曹操甚知教育不能不兴。

① （宋）范晔撰：《后汉书·桓帝纪》，卷 7，第 289 页。

② （宋）范晔撰：《后汉书·献帝纪》，卷 9，第 374 页。

③ （晋）陈寿撰：《三国志·魏书·何夔传》，卷 12，第 381 页。

④ （三国）曹操著：《曹操集》，第 53 页。

⑤ （三国）曹操著：《曹操集》，第 53 页。

第三，曹操力倡恢复正式的官办教育，提出了既原则又具体的办法，"其令郡国各修文学，县满五百户置校官，选其乡之俊造者而教学之"。不难看出，这是三点内容，一是各郡国都要重视文化教育事业；二是各县每满五百户即设校官主持学校教育事宜；三是选其乡之优秀青年即所谓"俊造者"入学学习。无疑，这是遵旧制而建学校。其课目，当然亦应是"顺先王诗书礼乐以造士，春秋教以礼乐，冬夏教以诗书"①了。第四，教令说明曹操的教育思想是以先王之道为教。所谓"庶几先王之道不废"，意即在此。先王之道是什么呢？不言而喻当然是文、武、周、孔之道，亦即诗、书、礼、乐、春秋之教了。曹操主张以儒家的思想为教还可从其他方面得到证实。比如前已述及，他尊崇儒学名人，喜欢博学经典之人，任用、提拔重教育、宣德教的人，还经常督促自己的儿子读诗书。

就培养人来说，从长远着眼，曹操的总体目标当然希望造就通诗书、懂仁义、讲道德、晓礼让，并习知射、御、术、数的全面人才，即所谓"百官群司，军国通用，随时之宜，以应政机"；但就现实情况而言，解决燃眉之急还是要注意实际才干，最好是德才兼备，实在不行那就偏重才干。

曹操恢复教育的决心很大，指导思想也很明确，但如果

---

① （清）孙希旦撰，沈啸寰、王星贤点校：《礼记·王制》，《礼记集解》，中华书局2010年版，第963页。

究其实效，则不能估价过高。魏人鱼豢说："从初平之元，至建安之末，天下分崩，人怀苟且，纲纪既衰，儒道尤甚。至黄初元年之后，新主乃复，始扫除太学之灰炭，补旧石碑（指《熹平石经》）之缺坏，备博士之员录，依汉甲乙以考课。申告州郡，有欲学者，皆遣诣太学。太学始开，有弟子数百人。"① 可见，曹魏真正的教育复兴，包括太学的恢复，应是曹丕继位以后的事情了。

① （晋）陈寿撰：《三国志·魏书·王肃传》注引《魏略》，第420页。

第九章　开创建安文学新时代

史载，曹操昼讲武策，夜吟经传，登高必赋，横槊赋诗，所作新诗，"被之管弦，皆成乐章"。他的这种热爱学问、重视文学的精神，对于社会、对于他的儿子们都有深刻的影响。曹丕在《典论·自叙》中称颂父亲"雅好诗书文籍，虽在军旅，手不释卷"；曹植在《武帝诔》中追念父王"既总庶政，兼览儒林，躬著雅颂，被之琴瑟"。可见，曹操不仅是一位军事家、政治家，而且爱好学问，尤擅文学。他留下了诸多颇有影响的诗歌和表章、令教式散文。这些作品，发展与充实了中国固有的文艺形式，继承并推动了乐府诗的发展，从而也使曹操在中国文学发展史上占据了一席之地，成为众所公认的文学家与一代帝王诗宗。他也一手开创了建安文学的新时代。

一、一代文宗

　　在中国古代的政治家和军事家中，曹操是一位少有的多才多艺的人物，而其对于文学的造诣和建树尤其显著。曹操不仅以一代雄主的身份奖掖文学，自身也有赫然可观的传世作品，据统计，"曹操的文章留下来的有一百五十多篇，诗留下来的有二十余首。这二十多首诗都是乐府诗，在当时是真的能够配合音乐来歌唱的。"①他开辟出的建安文学新时代，在传统君主社会中堪称独步。如果拿秦皇汉武、唐宗宋祖与曹操相比，说他们"略输文采""稍逊风骚"，应该说是符合客观事实的。

　　实际上，曹操传世诗作虽然均为乐府诗体，但又不完全拘泥于汉代乐府，他继承了汉乐府的传统，推动了五言诗的发展，焕发了四言诗的新生，终开一代诗风。

　　曹操本人性爱辞章，兼善音乐，尤工乐府之作，以他的政治地位与尊贵身份，不可能不对于社会产生影响。因此，在他的带动下，建安年间，文人乐府有了空前的发展与活跃。进而推动了魏晋时期的文学发展，呈现"彬彬之盛"的奇特景象。对此，刘勰评述说："自献帝播迁，文学蓬转，建安之末，区宇方辑。魏武以相王之尊，雅爱诗章；文帝以副君之

---

　　① 叶嘉莹著：《叶嘉莹说汉魏六朝诗》，中华书局 2007 年版，第 123 页。

重，妙善辞赋；陈思以公子之豪，下笔琳琅。并体貌英逸，故俊才云蒸。"①此论不失为有识之见。

建安时代之前，乐府诗虽然仍有一些好的作品留世，但总的来看，渐趋式微。所以出现这种情势，与乐府诗固定的程式及其音乐套式有一定关系。曹操冲破旧的藩篱，为乐府诗的发展走出了一条新路，为乐府诗的创作开辟了更为自由的天地。从一定意义上说，曹操对乐府诗的创作，实开后人"填词"之滥觞。

曹操乐府诗有五言、四言、杂言三种。其叙事体乐府多用五言，抒情体乐府则多用四言。曹操作诗，尤工四言。四言诗从《诗经》开始，已有一千余年，形式日趋僵化，极少有佳作出现。曹操于戎马倥偬之余，发展、充实了四言诗体，使其得得了新的发展。

南朝梁人钟嵘说："曹公古直，甚有悲凉之句。"②

唐人元稹说："曹氏父子鞍马间为文，往往横槊赋诗，故其抑扬冤哀存离之作，尤极于古。"③

宋人敖陶孙说："魏武帝如幽燕老将，气韵沉雄。"④

① （梁）刘勰著，黄叔琳点校：《文心雕龙·时序》《增订文心雕龙校注》，中华书局 2006 年版，第 537 页。

② （三国）曹操著：《曹操集》附录，第 217 页。

③ （唐）元稹撰：冀勤点校：《元稹集》，卷 56，第 690 页。

④ （明）杨慎撰，王仲闻点校：《升庵诗话新笺证》，第 690 页，卷 4，第 197 页。

明人王世贞亦称："曹公莽莽，古直悲凉。"[1]

清人沈德潜说："曹公四言，于三百篇外，自开奇响。"[2]

清人冯班说："魏祖慷慨悲凉，自是此公文体如斯，非乐府应尔。"[3]

此类评语尚有很多。可见，曹操为诗"古直""悲凉""沉雄"的特点为古今评家所共识。

曹操也是"改造文章的祖师"。曹操现存散文 150 余篇，其中最多的是令教类，其次为书表类。曹操的散文同他的诗作一样，也很有特点，其文苍劲有力，独具一格，主要表现为简约、质朴、高度凝练而直透人心。

曹操散文，篇幅大都在几十字到百余字之间，二三百字以上的只占少数。《让县自明本志令》是最长的一篇，也不过一千八十余字。这些文章大都高屋建瓴，笔力锋利，语言简劲，气势健旺，逻辑严密，十分讲究炼意炼字。在具体写法上，往往开门见山，一入手就果断立论，抓住要核和实质，大刀阔斧进行剖析，线索条贯，中心突出，毫不枝蔓。一些有较多叙事成分的作品，也下了严格的选择、剪裁功夫。使曹操散文篇幅虽短而内容充实、体格超拔，一扫两汉赋颂文

---

[1] （明）王世贞：《艺苑卮言》卷 3，《历代诗话读编》，中华书局 1983 年版，第 987 页。

[2] （清）沈德潜撰：《古诗源·魏诗》，卷 5，第 105 页。

[3] （清）冯班撰，李鹏点校：《钝吟杂录》，卷 3，中华书局 2014 年版，第 42 页。

字铺张堆砌、内容贫乏、故作艰深、追求华丽的弊病，呈现出一种崭新的风貌。①

鲁迅说，曹操"是一个改造文章的祖师"，"他胆子很大，文章从通脱得力不少，做文章时又没有顾忌，想写的便写出来"。鲁迅的话，简短而明确地概括了曹操在散文方面的功绩、创作思想及其风格特点。②

二、对建安文学的影响

曹操不仅是东汉末年王霸事业的开拓者，而且还是建安文学的倡导者、组织者和领导者。

述论曹操的文学贡献及其思想，自然要明了曹操对于建安文学的特殊贡献和影响。

钟嵘在《诗品》中说："降及建安，曹公父子，笃好斯文。平原兄弟（植曾封平原侯），郁为文栋。刘桢、王粲，为其羽翼。次有攀龙托凤，自致于属车者，盖以百计。彬彬之盛，大备于时矣。"可见，当时在邺下已的确形成了一个庞大的文人群体。至于邺下文人群体形成的原因，曹植在给杨修

---

① 参见张亚新著：《曹操大传》，第 626—627 页。
② 鲁迅著：《魏晋风度及文章与药及酒之关系》，《鲁迅全集》卷 3，人民文学出版社 1981 年版，第 503 页。

的一封信《与杨德祖书》中有着生动形象的说明：

> 仆少小好为文章，迄至于今二十有五年矣。然今世作者，可略而言也。昔仲宣（王粲）独步于汉南，孔璋（陈琳）鹰扬于河朔，伟长（徐予）擅名于青土，公幹（刘桢）振藻于海隅，德琏（应玚）发迹于北魏，足下（指杨修）高视于上京，当此之时，人人自谓握灵蛇之珠，家家自谓抱荆山之玉，吾王（指曹操）于是设天网以该之，顿八纮以掩之，今悉集兹国矣。[①]

上述材料说明，在建安年间，曹操不仅延揽了大量智谋之士和有治国用兵之术的人才，还罗致了不少文学之士，将他们汇聚在邺城，因而出现了文人济济的局面。

建安七子之称，出自曹丕《典论》。

> 今之文人，鲁国孔融文举，广陵陈琳孔璋，山阳王粲仲宣，北海徐幹伟长，陈留阮瑀元瑜，汝南应玚德琏，东平刘桢公幹。斯七子者，于学无所遗，于辞无所假，成以自骋骥騄于千里，仰齐足而并驰。

可见，建安七子是：王粲（字仲宣）、刘桢（字公幹）、陈琳（字孔璋）、徐幹（字伟长）、阮瑀（字元瑜）、应玚（字

---

① （三国）孔融等著，俞绍初点校：《与杨德祖书》，《建安七子集》，中华书局 2005 年版，第 454、455 页。

德琏），加上早死的孔融，被称为"建安七子"。曹操的儿子曹丕（字子桓）、曹植（字子建）也是著名的文人，而且是邺下文人的核心，而曹操则是这个文人群体当之无愧的文坛领袖。

除建安七子之外，据《三国志·王粲传》记载："自颍川邯郸淳、繁钦、陈留路粹、沛国丁仪、丁廙、弘农杨修、河内荀纬等，亦有文采，而不在此七人之例。""亦有文采"，说明这些人的文章都是非常出众的。邯郸淳曾受到曹氏父子三人的重视，曹操"素闻其名，召与相见，甚敬异之"；曹丕"宿闻淳名"，因而请求曹操，让淳做自己的"文学官属"；曹植也向操"求淳"。曹操"遣淳诣植"，曹植高兴得手舞足蹈。淳"屡称植材，由是五官将（丕）颇不悦"。但后来他"作《投壶赋》千余言奏之，文帝以为工，赐帛千匹"[①]，又讨得了曹丕的喜欢。繁钦字休伯，以"文才机辩"闻名，"既长于书记，又善为诗赋"，官丞相主簿，曾作《与太子书》，"记喉转意，率皆巧丽"[②]。路粹字文蔚，为军谋祭酒，与陈琳、阮瑀等同典记室，留世著作大都与曹操杀孔融有关，不管是《为曹公作书与孔融》，还是承曹操旨意上奏"数致融罪"，文采大都很好，因而"融诛之后，人睹粹所作，无不嘉其才而畏其笔也"。建安十九年（公元214年），"路粹转为

---

① （晋）陈寿撰：《三国志·魏书·王粲传》注引《魏略》，卷21，第603页。
② （晋）陈寿撰：《三国志·魏书·王粲传》注引《魏略》，卷21，第603页。

秘书令，从大军至汉中，坐违禁贱请驴伏法"①。贱值得到一头驴子，何止杀头，所以实是曹操借机将其杀掉，看来为曹操所不喜。荀纬，少喜文学，建安中召署军谋掾、魏太子庶子，稍迁至散骑常侍、越骑校尉，其名不及七子与繁、路、丁、杨等。

此外，如论建安时代颇负文名且与曹操紧密相关者，不能不提及蔡文姬。蔡琰，字文姬，陈留圉（今河南杞县南）人，是汉代著名学者蔡邕的女儿。

史载，蔡文姬"博学有才辩，又妙于音律"，"兴平中，天下丧乱，文姬为胡骑所获，没于南匈奴左贤王，在胡中十二年，生二子。曹操素与邕善，痛其无嗣，乃遣使者以金璧赎之，而重嫁于（董）祀"②，让她抢救蔡邕的遗作。蔡文姬的作品，《后汉书》载有《悲愤诗》二章，一为五言体，一为楚辞体。如无曹操，便不可能有蔡文姬归汉，因而也不可能有《悲愤诗》这样在中国文学史上占有地位的高质量作品问世。曹操以大量金钱珠宝赎归蔡文姬这件事，已经成为千古美谈。③

曹氏父子与建安诸子共同开创建安文学，而其中起主导作用的当然是曹操。曹操把这些有才能的文人网罗在身边，安置于麾下，不仅为他们提供了创作条件，而且言传身教，

---

① （晋）陈寿撰：《三国志·魏书·王粲传》注引《魏略》，卷21，第603页。

② （宋）范晔撰：《后汉书·列女传·董祀妻传》，卷84，第2800页。

③ 参见张作耀著：《曹操传》，第380、382、387、388页。

或令其与自己的儿子共题作文，或以自己的诗作示众。因此可以说，建安时代的文风，与其说是时代之使然，倒不如说是与曹操的提倡和无形的影响有着重要的关系。所以，我们不妨说，所谓"建安风骨"，首先就是曹操的诗文风骨。

建安时期的文学，包括诗歌、散文及文学批评，在曹操、曹丕、曹植父子的倡导和推动下，有了重大的发展，在文学史上开创了被后人称为"建安风骨"的优良传统。

"建安风骨"，是指建安年间的文学作品内容充实活泼，感情真实丰富，语言刚健有力。

实际上建安文学并不限于建安年间，还包括曹魏初期的作品。汉末魏初文学的特点是"清峻""通脱"。"清峻"是指作品简约严明，不虚伪浮华；"通脱"是指作品不受传统思想和形式的束缚，想写什么就写什么，这显然是曹操文风的带动。建安文学开始摆脱传统思想的束缚，不再把文学当作阐发经义的工具，而是用来反映现实生活和抒发自己的思想感情，使文学出现了新的面貌。①

总之，建安文学是曹操秉汉政时期的一项重要成就。建安年间邺下出现的文人济济局面，以及这一时期文学的成就，都是与曹操对文人的罗致、组织，对文学的提倡、重视、引导、改良分不开的。

---

① 参见柳春藩著：《魏武帝大传》，第225页。

　　曹操的作品以具有新精神、新格调、新境界，脍炙人口，而雄视一代。

　　曹操对建安文学的引领与发展，做出了重要贡献。

第十章　烈士暮年，壮心不已

建安十二年（公元207年）五月，曹操率军北征乌桓，时年五十三岁。归途中，他写下了《步出夏门行·龟虽寿》以言志："老骥伏枥，志在千里；烈士暮年，壮心不已。"曹操清醒地认识到自己已经步入"暮年"，是一匹"老骥"了。此前曹操已取得消灭袁氏集团主力的巨大胜利，此时又平定了乌桓并彻底肃清了袁氏残余势力，因此诗中洋溢着一种昂扬奋进的精神。这之后，曹操遭受了赤壁兵败的严重挫折，后来虽然又多次对孙权、刘备用兵但都没有取得大的成功，从而形成了难以逆转的三国鼎立的局面。一方面统一大业遇到了前所未有的困难，另一方面随着时光的流逝，老境渐渐降临，这就形成了一个深刻的矛盾。如何完成未竟的事业，这不能不成为曹操昼思夜念的心结。一方面，他积极促成时机继续讨伐孙权、刘备，以期完成统一大业；另一方面，他也加快了集权、夺权的步伐，步步经营，以为曹魏代汉步步准备。

一、《让县自明本志令》

赤壁战后，对于曹操来说，除了积极备边御敌，防止孙权、刘备乘机北向外，还有一项更重要的使命，那就是继续稳定内部，巩固与扩大自己在朝中的权力。

曹操身居丞相，控制汉室，挟天子以令诸侯，虽然有觊觎汉室之心，但在群雄割据、条件尚不成熟的时候，他始终把挟天子以令不臣作为谋取统一大业的必要手段，而并不急于废帝自立。

赤壁战前，曹操所向披靡，除敌对割据势力言其"实为汉贼"和不识时务如孔融"颇推平生之意，狎侮曹操"者外，极少有人敢于公开非议其所为。赤壁之战，曹操打了败仗，訾议便多起来了。正如吴将周瑜所说，"今曹操新败，忧在腹心。"①谋取称帝大事的客观条件反不如前了。曹操一生，虽重武事，但也从不轻视舆论。因此，面对内部出现的不和谐的声音，他必须作出回答，以排斥訾议，清除内外的疑虑，再塑自己的"周公"形象，为进一步巩固和发展自己的权力大造舆论，这是《让县自明本志令》产生的基本历史背景。

史载，建安十五年（公元210年），汉献帝封曹操邑兼四县，食户三万，除原食武平（今河南鹿邑县西北）万户外，

---

① （宋）司马光撰：《资治通鉴》卷66，建安十五年，第2102页。

又增年夏(今河南太康)、柘(今河南柘城北)、苦(今河南鹿邑东)三县二万户。

增封让封本就是官场中官员为了获得名誉而惯用的以退为进的一种手段。但此次"增封让封"比以往有更深更大更重要的意义,因为它超越了让封本身,形式也不是表章,而是教令,不是奏上,而是临下。借增封让封把该说想说的话公之于世,以分损谤议,这是曹操的一种政治策略。所以,曹操的《让县自明本志令》就显得十分重要,全文如下:

孤始举孝廉,年少,自以本非岩穴知名之士,恐为海内人之所见凡愚,欲为一郡守,好作政教以建立名誉,使世士明知之。故在济南,始除残去秽,平心选举,违忤诸常侍,以为豪强所忿,恐致家祸,故以病还。

去官之后,年纪尚少,顾视同岁中,年有五十,未名为老,内自图之,从此却去二十年,待天下清,乃与同岁中始举者等耳。故以四时归乡里,于谯东五十里筑精舍,欲秋夏读书,冬春射猎,求底下之地,欲以泥水自蔽,绝宾客往来之望,然不能得如意。

后征为都尉,迁典军校尉,意遂更欲为国家讨贼立功,欲望封侯作征西将军,然后题墓道言"汉故征西将军曹侯之墓",此其志也。

而遭值董卓之难,兴举义兵。是时合兵能多得耳,然常自损,不欲多之。所以然者,多兵意盛,与强敌争,倘更为祸始。

故汴水之战数千，后还到扬州更募，亦复不过三千人，此其本志有限也。后领兖州，破降黄巾三十万众。

又袁术僭号于九江，下皆称臣，名门曰建号门，衣被皆为天子之制，两妇预争为皇后。志计已定，人有劝术使遂即帝位，露布天下，答言："曹公尚在，未可也。"后孤讨禽其四将，获其人众，遂使术穷亡解沮，发病而死。

及至袁绍据河北，兵势强盛，孤自度势，实不敌之，但计投死为国，以义灭身，足垂于后。幸而破绍，枭其二子。

又刘表自以为宗室，包藏奸心，乍前乍却，以观世事，据有当州，孤复定之，遂平天下。

身为宰相，人臣之贵已极，意望已过矣。今孤言此，若为自大，欲人言尽，故无讳耳。设使国家无有孤，不知当几人称帝，几人称王。

或者人见孤强盛，又性不信天命之事，恐私心相评，言有不逊之志，妄相忖度，每用耿耿。齐桓、晋文所以垂称至今日者，以其兵势广大，犹能奉事周室也。《论语》云："三分天下有其二，以服事殷，周之德可谓至德矣。"夫能以大事小也。昔乐毅走赵，赵王欲与之图燕，乐毅伏而垂泣，对曰："臣事昭王，犹事大王。臣若获戾，放在他国，没世然后已，不忍谋赵之徒隶，况燕后嗣乎！"胡亥之杀蒙恬也，恬曰："自吾先人及至子孙，积信于秦三世矣，今臣将兵三十余万，其势足以背叛，然自知必死而守义者，不敢辱先人之教以忘先王也。"孤每读此二人书，未尝不怆然流涕也。

孤祖父以至孤身，皆当亲重之任，可谓见信者矣，以及子桓兄弟，过于三世矣。孤非徒对诸君说此也，常以语妻妾，皆令深知此意。孤谓之言："顾我万年之后，汝曹皆当出嫁，欲令传道我心，使他人皆知之。"孤此言皆肝鬲之要也。所以勤勤恳恳叙心腹者，见周公有《金縢》之书以自明，恐人不信之故。

然欲孤便尔委捐所典兵众，以还执事，归就武平侯国，实不可也。何者？诚恐己离兵为人所祸也。既为子孙计，又己败则国家倾危，是以不得慕虚名而处实祸，此所不得为也。

前朝恩封三子为侯，固辞不受，今更欲受之，非欲复以专荣，欲以为外援为万安计。孤闻介推之避晋封，申胥之逃楚赏，未尝不舍书而叹，有以自省也。

奉国威灵，仗钺征伐，推弱以克强，处小而禽大，意之所图，动无违事，心之所虑，何向不济，遂荡平天下，不辱主命，可谓天助汉室，非人力也。然封兼四县，食户三万，何德堪之！江湖未静，不可让位。至于邑土，可得而辞。今上还阳夏、柘、苦三县户二万，但食武平万户，且以分损谤议，少减孤之责也。①

可以看出，曹操在这里说的话，不少是发自内心，非常真实，合乎曹操的思想发展过程；也有不少是争取各方理解与同情的一种策略，反映着曹操诡谲多诈和充满灵活的政治性格。

---

① （晋）陈寿撰：《三国志·魏书·武帝纪》注引《魏武故事》，卷1，第32—34页。

总结《让县自明本志令》，全文可分为七大部分：

第一部分，曹操道出了自己始举孝廉时的自卑心理，志向仅是想做一个有所作为的太守。为此，他曾做过几件去除时弊的事情，但为世不容，碰了钉子。由于害怕招来大祸，便称病归里了。客观而言，曹操说他开始时只想做好一个郡太守，这应该是他的真实思想。他说动机仅在于"建立名誉，使世士明知之"，以塑造自己的形象，也是合理的。他坦率地承认自己是为了避祸诡称有病而去官还乡，也是情有可原的。这样的说辞，完全能够得到众人的理解与赞赏。

第二部分，曹操说他去官之后，不惜待上二十年。这是不真实的。他的真正意图是躲躲风头，"待机"而动。他试图把自己说成无所企求，实是故意掩饰自己当时急于再出的心情。征为都尉，迁典军校尉，"意遂更"，是其"暂隐"之意遂更，并不是"久隐"之意的变动。封侯拜将与做一郡守一样，都是他的夙志。征为军职，使他看到封侯拜将的目标是可以实现的。这时他把目标定在"封侯作征西将军"，也是真实的。因为，当时曹操还不可能料想到自己日后能够"挟天子以令诸侯"。

第三部分，曹操说他兴举义兵，"不欲多之"。这的确是他做事的高明之处。初始已非命官，既无地盘，又无根基，如果多兵，难免会被人注目。"不欲多"，不是主观上不想多，绝不是如其所称"本志有限"，而是怕多了反而于己不利。一旦破降黄巾三十余万，形成一股足以与人抗衡的势力，他就不再低调，再也不厌其多了。

第四部分，曹操讲述了自己的功劳。征袁术，讨袁绍，定荆州，遂平天下。的确如曹操所说，当时如果没有他的制衡，"不知当几人称帝，几人称王"。就此而言，曹操于汉，功劳当然是巨大的，居位宰辅，完全应当。

第五部分，曹操说他"身为宰相，人臣之贵已极，意望已过"。这既是真话，又不是真话。就其夙志言，曹操在没有完成统一之前并不想在名义上完全代汉自立，做了宰相就是"人臣之极"，所以这是真话。但实际上他并不以此为满足，他无时不在积极为子孙后代谋万世基业，他要做周文王，帝业大事让其子孙去完成。事实证明，他并没有认为当了宰相"意望已过"，而是封魏公、晋魏王，一步一步向皇帝的宝座靠近，所以说这又不是真话。从《让县自明本志令》本身可以看出，当时认为曹操怀有"不臣"之心的人，不在少数，《让县自明本志令》就是针对这种形势而发的，所以，《让县自明本志令》的主旨在表明自己无篡位之志，以"分损谤议"，从而以巩固权力，达到稳定政局的目的。

第六部分，曹操从历史说到家世，并以周公自喻，反复说明自己绝无异志，然后立即落实到实质问题上，指出要想让自己交出兵权、政权，那是完全不可能的。"何者？诚恐已离兵，为人所祸也。"这才是曹操内心深处最真实的想法。曹操对问题看得很使透彻。就当时情势看，一旦交出兵权，后果的确是不堪设想的。所以，他不慕虚名，而是通过体察人们的訾议增强了危机感，进一步认识到处境的危险，更加重视加强自己实力与自身修养而已。

第七部分，"江湖未静，不可让位，至于邑土，可得而辞。"儿子的封地接受下来，自己的封地退让出去。曹操之智诈确实高人一等。其一，权柄的确比邑土重要得多。他深知没有了权力，不仅土地难保，人身恐亦难全。其二，实际上他并没有失掉什么，让出的土地又以三个儿子的名义得到了。据《三国志·武帝纪》注引《魏书》记载，建安十五年（公元210年）十二月曹操发《让县自明本志令》，没几天，次年正月庚辰"天子报：减户五千，分所让三县万五千封三子，植为平原侯，据为范阳侯，豹为饶阳侯，食邑各五千户。"形式上看，曹操让三县二万户，三子受三县一万五千户，减户五千，实际上封子三县均属郡国所在重地，战略地位远较豫州东部一隅三县重要。他借此控制了三地即在幽、冀、青三州地建起了一道从今山东平原到今河北饶阳、涿州的防线，构成了根据地邺的屏障。所以要这样，曹操自己说得很清楚，就是"欲以为外援为万安计"。

历史一再表明，政治家要想有所作为，实现大的政治抱负，就必须不断加强与巩固自己的政治权力。曹操在发布《让县自明本志令》的同时，加快了巩固权力的步伐，扩大直接控制的地盘是其一，诸子封侯以增外援是其二，更重要的一步是用天子的名义命曹丕为五官中郎将，置官属，为丞相副，此其三。让儿子直接参与控制国家军政大权，成为仅次于自己地位的政要，用心非常清楚，就是更进一步集权于自身，为子孙代汉做更稳妥的准备。①

建安十八年（公元 213 年）五月，曹操被策封魏公，加九锡。大概就在这时，关于曹操有"不逊之志"的议论又风行起来，曹操于是又写了诗作《短歌行》（其一）以明志：

> 周西伯昌，怀此圣德。三分天下，而有其二。修奉贡献，臣节不坠。崇侯谗之，是以拘系。一解。
>
> 后见赦原，赐之斧钺，使得征伐。为仲尼所称，达及德行，犹奉事殷，论叙其美。二解。
>
> 齐桓之功，为霸之首。九合诸侯，一匡天下。一匡天下，不以兵车。正而不谲，其德传称。三解。
>
> 孔子所叹，并称夷吾，民受其恩。赐與庙胙，命无下拜。小白不敢尔，天威在颜咫尺。四解。
>
> 晋文亦霸，躬奉天王。受赐珪瓒，秬鬯彤弓。卢弓矢千，虎贲三百人。五解。
>
> 威服诸侯，师之者尊。八方闻之，名亚齐桓。河阳之会，诈称周王，是以其名纷葩。六解。②

在《短歌行》（其二）中：

第一、二解咏叹周文王，说他具备崇高的品德，已控制殷

---

① 参见张作耀著：《曹操传》，第 175—180 页。
② （三国）曹操著：《曹操集》，第 5—6 页。

王朝三分之二的疆域，但仍然朝贡殷王，不失臣节。因遭受崇侯诽谤，才被拘禁起来，后被释放，恢复原职，殷纣还赐给他斧钺，授予他专征的大权。文王的美德也得到了孔子的高度称赞。这其中隐约透露出了曹操根据时局变化对自己政治人生的定位与调整：做周文王，将帝业付诸儿孙去完成。

第三、四解咏叹齐桓公，说他建功立业，成为春秋时期第一个霸主，"九合诸侯，一匡天下"，不凭恃武力。光明正大而不谲诈，其道德为后世传言称美。孔子赞美了他，同时还赞美了管仲。天子把祭肉赐给齐桓公，并命他不用下阶拜跪，但他却说："小白不敢，因为天威就近在我的面前。"

第五、六解咏叹晋文公，说他也是春秋时期一位有为霸主，同样躬身奉侍天子，因而天子赏赐给他珪瓒（祭祀用的玉柄舀酒器物）、美酒、红弓、黑色弓矢以及三百名勇士。他的威望使诸侯折服，学习他的人也受到尊重，其声威八方传闻，其名声仅次于齐桓公。但他在河阳会盟，召请周天子以打猎的名义前来与会，却引起了众议纷纭，有损他的名声。

曹操在这里赞美周文王、齐桓公和晋文公等历史人物，实际上是在向世人表示要以他们为榜样，知进退。自己虽然做了魏公，被赐给九锡，地位显赫，但仍要谨守臣节，遵奉汉室，决不做出危害汉室的事情来。①

① 参见张亚新著：《曹操大传》，第505—507页。

二、《立太子令》

曹操在称公、称王后，就必然面临选择和确定继承人的问题。

曹操对立嗣问题十分重视，也非常慎重。

事实上，曹操有二十五个儿子，由众多妻妾所生。曹操的结发妻子丁夫人无子，长子曹昂为刘夫人所生，刘夫人早亡，曹昂由丁夫人抚养。次子曹丕与其弟曹彰、曹植、曹熊为卞夫人（后来为王后）所生，年岁比较小的曹冲、曹据、曹宇为环夫人所生。其余诸子因为与接班人无关，这里不再一一赘述。

按照封建宗法制度，有望成为曹操太子的人当按曹昂、曹丕、曹彰的次序排列。曹昂于建安二年（公元197年）死于张绣叛军之手，曹彰是个将才，因而继承人的人选当首推曹丕。但曹操对封建的立嗣制度，诸如先嫡后庶、先长后幼，并不怎么重视。他看重的是本人的德行和才能。为此，曹操在较长的时期内并不急于决定嗣位的人选，而是将精力放在培养诸子，在诸子中观察物色自己中意的继承人。

曹操对诸子的要求标准很高，因为是在战争时期，他要诸子既习文，又习武，成为文武兼备、全面发展的人才。

曹彰从小喜欢骑马射箭，体力过人，敢于同猛兽格斗。曹操对他说："你不读诗书仰慕圣道，而喜好骑马击剑，这不过是一个武夫的本领，有什么值得看重的。"督促他读《诗》《书》等著作。可是曹彰对读书没有兴趣，同左右人说："大丈夫就应当像卫青、霍去病那样，率领十万骑兵驰骋沙漠，驱逐戎狄，建立功勋，得到封号，怎么能去做博士呢？"曹操要几个儿子谈自己的志向时，曹彰明确地回答说："我想当将军。"曹操问他说："如何做将军呢？"曹彰回答说："身披盔甲手持锐器，面临危难而不退却，身先士卒，有功劳的一定要奖赏，有罪过的一定要惩罚。"曹操听后，哈哈大笑。曹操见曹彰如此爱武，也就不勉强他一定学文了。

曹操对诸子的培养和使用是一视同仁的。他在《诸儿令》中说：

> 今寿春、汉中、长安，先欲使一儿各往督领之，欲择慈孝不违吾命，亦未知用谁也。儿虽小时见爱，而长大能善，必用之，吾非有二言也，不但不私臣吏，儿子亦不欲有所私。①

在《诸儿令》中，曹操明确告诉诸子，在儿子们小的时候，他都非常喜欢，但在选用问题上，他不会"有所私"，只有儿子长大后"慈孝"尚德行、"不违吾命"守规矩、"能善"有济世本事，才会得到重用。自己对属下不偏私，对儿子们也不想有所偏爱。

---

① （三国）曹操著：《曹操集》，第 47 页。

在继承人——太子的选择上，曹操首先看中的是年岁比较小的曹冲。

曹冲，字仓舒，生于建安元年（公元196年），比曹丕小九岁。他五六岁时就表现出聪慧过人的气韵。大约在建安六年（公元201年），孙权送给曹操一头大象，北方人从没见过这么大的动物，大家见了都很惊奇。曹操想知道它到底有多重，就叫下边人把它称一称。但一般的秤是无法称的，大家都为这事所苦恼。这时，小曹冲站出来说："把大象放在一只大的空船上，在吃水线上刻个记号。然后把大象拉下来，拿别的东西，如石块等放在船上，当装的东西达到与载象的吃水线相同。再分别称这些东西的重量，加起来就是象的重量了。"大家听了，认为这是个好办法。曹操知道后，也非常高兴，立即照这个办法办，很快就称出了大象的重量。

又有一例，颇能说明曹冲的聪明智慧，知识渊博，并且为人宽厚，心地善良。一次，曹操的马鞍在仓库里被老鼠咬坏了，看守仓库的小吏，害怕被处死，准备反绑双手去向曹操请罪，但还是担心不会被赦免。曹冲知道后，就对小吏说："过三天后的中午，你再去请罪。"然后曹冲便用刀扎穿了自己的衣服，好像是老鼠咬的，并装作很难过，面带愁容。曹操见状问他是怎么回事。曹冲回答说："世俗认为老鼠咬了衣服，衣服的主人就不吉利。现在我的单衣被老鼠咬了，所以忧愁烦恼。"

曹操连忙安慰说："这是胡说八道，你不要为这件事烦恼了。"

过了一会儿，看管仓库的小吏前来报告，说老鼠咬坏了马鞍，曹操笑着说："我儿子的衣服放在身边，尚且被老鼠咬了，何况马鞍悬挂在仓库的柱子上呢！"

然后，曹操叫左右给仓吏松了绑，一点也没有怪罪看管仓库的人。

还有一次，是曹冲想出了一个让山鸡跳舞的办法。

山鸡自以为很美，在水边只要看见水中映有自己的身影，就会情不自禁地跳起舞来。有一次，南方给曹操送来一只山鸡，曹操很想看它跳舞，它却怎么也不肯跳。曹冲让人搬来一面大镜子，放列山鸡的面前。山鸡看到镜中自己的身姿，于是立即跳起舞来，竟然不知道停下，一直跳到累死。曹操自然又满意地达到了目的。这件事后来成为中国文化史上的一桩佳话。

正因为这样，曹操特别喜欢曹冲。曾多次在部属中称赞曹冲聪明仁爱，表示将来要传位给他。但是，曹冲十三岁时（公元 208 年），突然得了重病，医治无效而去世。曹操非常悲痛。当曹丕前来劝慰曹操时，曹操却说："此我之不幸，而汝曹之幸也！"意思是说此后曹冲再不能同曹丕等人争夺继承权了。曹丕对这话的用意也很清楚，他当了皇帝后还常说："家兄孝廉（即曹昂，曹昂二十岁时举孝廉，二十一岁时死去）做皇帝是他的本分，如果仓舒还在，我也不会有天下。"

曹冲死后，在一个时期内，曹操又倾向于立曹植为嗣子。

曹植，字子建，比曹丕小五岁，才华过人，文思敏捷。

十多岁时，就能背诵《诗经》《论语》及辞赋等。曹操看他写的文章特别好，竟怀疑是有人为他捉刀代笔，问曹植说："你这文章是请人代作的吧？"曹植跪下回答说："我言出成论，下笔成章，不信可以当面测试，怎么是请人代作的呢？"

邺城铜雀台建成时，曹操率领诸子登台，叫他们当场各自作赋。曹植很快就作成了，而且写得很好，曹操看了，非常惊异他的才华。

建安十九年（公元214年）七月，曹操南征孙权，安排曹植守邺城，临行前告诫说："我以前任顿丘令时，年龄是二十三岁，回想当时的所作所为，今天没有什么可悔恨的。现在你也二十三岁了，能不努力自勉吗！"

曹操是在给曹植以锻炼的机会，并对他进行考验。对于曹丕，曹操也在培养，同样给予锻炼的机会和考验。

曹丕，字子桓，从小就学骑马射箭，也会写诗作文。长大后成为一个能文善武的人物。建安十六年（公元211年），曹操封曹植为平原侯，曹据为范阳侯，曹豹为饶阳侯，食邑各五千户，而曹丕未被封侯，被任命为五官中郎将，为丞相的副手，目的就是要曹丕承担一些军政任务。曹操在建安十六年西征马超和建安二十年（公元215年）西征张鲁，都把留守邺城的重任交给了曹丕，也是意在培养、锻炼和考察他。

曹操在立嗣问题上持谨慎态度，其动机和做法都无可厚非，但这样一来却引起了曹植、曹丕之间的矛盾和斗争，甚至由正常竞争发展到弄虚作假，尔虞我诈。

一次，曹操领兵出征，百官和诸侯送行，曹植对曹操说了一些颂扬功德的话，辞语华美，条理清楚，得到在场人的赞许，曹操听了也很喜悦。曹丕看到这种情景，怅然若失。他的亲信吴质耳语献策说："大王出征动身时，您只要流泪哭泣就可以了。"曹丕照此去做，曹操很受感动，大家都认为曹植辞语华美，但孝心不如曹丕。

还有一次，曹丕听说曹植亲信丁仪、丁廙兄弟为立曹植为嗣积极活动。曹丕想找吴质商量一下对策。这时吴质已被任命为朝歌县长，属于外官，按规定曹丕是不能私见外官的。当时吴质还在邺城，曹丕就派人用车装上废竹箱，把吴质藏在箱中拉进府内。曹植亲信杨修将此事报告了曹操。曹丕慌了，同吴质商量对策。吴质说："没什么可怕的！明天再拉竹箱进府，箱中装上绵帛，杨修再报告必然有人来查验，查验而无证据，那杨修就要受罪了。"曹丕按计进行，曹操果然派人检查，由于没查出人来，曹操便对杨修产生了疑心。

又有一次，曹操要考察一下曹植和曹丕的实际才能。让他俩分别从邺城门出去办事，并事先秘密下令要守门人不得放行，看他俩如何处理此事。曹丕来到城门前，守门人不让出去他就返回来了。曹植事先得到了杨修的提示说："假如守门人不让您出城，您因为是受魏王之命，可以把他杀掉。"曹植照办出了城。但此事却给曹操留下了曹植好杀的印象。

在双方争夺嗣位的过程中，曹丕由于善耍手段，掩饰真情，装饰自己，由劣势逐渐转为优势。曹植则因做事任性，不粉饰自己，饮酒不加节制，逐渐失去了有利的地位。

在曹操选择确立太子的过程中，曹操还注意听取一些重要部属的意见，特别是不在曹丕、曹植身边充当谋士的那些有识之士的意见。他曾先后秘密征求过杨俊（曾任过曹操丞相掾属）、贾诩、崔琰、毛玠、邢颙、桓阶等人的意见。

杨俊向曹操谈了曹丕、曹植的长处，但对曹植称赞的多一些，倾向于曹植。

贾诩在曹操问询后，装作没听见似的久久不做回答。曹操说："我在与您说话，您怎么不回答呢？"贾诩说："我刚才正思索一件事情，所以没顾上立即回答。"曹操说："您在思索什么？"贾诩说："我在思索袁本初、刘景升他们父子的事情啊！"曹操听罢，立即明白了其中的意思，于是哈哈大笑。原来贾诩是在说袁绍不立长子袁谭、刘表不立长子刘琦，最后都造成了不利的后果。他的意思是主张立当时的长子曹丕。

崔琰在曹操用信函秘密向他征求意见后，他回信时不封口，公开表示自己的看法说：

"我听说《春秋》中的古义，立太子要立长子，加上五官中郎将仁孝聪明，应该让他继承正统，我至死也是要坚持这一点的。"曹植是崔琰哥哥的女婿，有亲戚关系，崔琰不替曹植说话，曹操很赞赏他的公心。

毛玠秘密地劝谏曹操说："袁绍因为嫡庶不分，弄得宗室覆亡，国土夷灭。太子的废立，关系着国家大事，这不是我所应当听闻的。"

　　邢颙、桓阶也都对曹操表示应当立曹丕为太子。

　　经过这些人几乎是异口同声地主张立曹丕为嗣，曹操最后下了立曹丕为太子的决心。

　　建安二十二年（公元 217 年）十月，曹操结束了长期的犹豫不决，下了一道《立太子令》：

> 　　告子文：汝等悉为侯，而子桓独不封，而为五官中郎将，此是太子可知矣。[①]

　　曹丕为王太子后，曹操便开始注意削弱曹植的势力，为曹丕继位扫清道路。建安二十四年（公元 219 年）秋，曹操担心很有才能、聪明过人的杨修再为曹植出谋划策，挑拨曹植与曹丕，特别担心自己死后干出不利曹丕统治地位的事情来，便杀了杨修。

三、通往帝王之路

　　综观曹操的一生，不管他怎么为自己辩解，他都是由不自觉到自觉，在通向帝王的道路上一步一步前行着。

　　曹操的事业：一是芟荑群雄，统一中国；二是不断加官

[①]　（三国）曹操著：《曹操集》，第 49 页。

进爵，最后称王称帝。第一条，他完成了一半；第二条，他在实际上已经完成，但他以周文王自许，没有敢去越这最后的雷池一步。

如果说建安元年（公元 196 年）前，曹操在这方面的努力还仅仅是一种不着痕迹的铺垫的话，那么从建安元年起，他就开始在这方面迈出了坚实而有力的步伐。就在这一年，曹操将汉献帝迎到许县，建都于此，使汉献帝成了自己手中的一个傀儡和一张"挟天子以讨不臣"的有力王牌，使自己在与群雄角逐的战争中获得了极大的政治优势。汉献帝任命曹操为大将军，封武平侯，后因袁绍不满，曹操才将大将军的职位让给袁绍，自己改任司空，兼车骑将军，主持朝政，这是曹操问鼎九五的开始。

挟持汉献帝不是曹操的终极目的，其终极目的是要"奉天子以令不臣"，讨平群雄，重新统一国家，建立新的王朝。不如此，不仅汉献帝会被别人从自己手中夺走，连自己的势力地盘、身家性命都将难以保持。因此，曹操迎献帝都许后，在巩固以许都为中心的河南根据地的同时，开始了有计划有步骤地为谋求统一而进行的兼并战争，取得了一个又一个重大胜利。其中最重大的胜利，是在官渡之战及其以后的一系列战斗中消灭了袁绍及其残余势力，将地域广大、人口众多、资源丰富的冀州、青州、幽州、并州四州完全控制在了自己手里。曹操从汉献帝那里得到了冀州牧的职位，并在邺城（今河北省临漳县境内）建立了自己的霸府。接着北征乌桓，大抵完成了除关西以外的北部中国地区的统一。

在扫平北方割据势力的同时，曹操注意削弱刘氏王室势力的力量。建安十一年（公元206年）八月，曹操从东海郡划出襄贲、郯，戚三县充实琅邪国，撤销了昌虑郡。立故琅邪王刘容之子刘熙为琅邪王，而将齐、北海、阜陵、下邳、常山、甘陵、济阴和平原八国削除。八国国王都是刘氏宗室之后，除掉八国，目的就是进一步削弱刘氏宗室势力。之所以独立刘熙为琅邪王，而且为他增广土地，这是有其特别的原因的。初平元年（公元190年），刘容曾派他的弟弟刘邈到长安向献帝奉表贡献，刘邈在汉献帝面前盛赞曹操对朝廷的忠诚，为曹操后来西迎汉献帝做了一点铺垫工作，曹操心存感激，因此给予了特别的照顾。不过十一年后，刘熙因企图过江投附孙权，被曹操处死，封国也因此而被削除。

随着实力的增强，曹操对于朝政的控制也越来越严密，汉献帝的傀儡化程度自然也就越来越深了。

建安十三年（公元208年）正月，曹操北征乌桓刚回到邺城，为了加强对朝廷的控制，就以汉献帝名义废除了三公官职，而设置丞相和御史大夫。六月，汉献帝任命曹操为丞相。汉初，担任丞相的多为开国功臣，辅佐皇帝总理全国政务，手中握有实权。御史大夫为丞相之副，丞相缺位时，往往以御史大夫递补。汉武帝后，丞相府和御史府的实权逐渐转移到尚书台，丞相府由门庭若市变得荒凉冷落起来。东汉时，不设丞相和御史大夫，以太尉、司徒、司空合称三公，但三公也仅挂名而已。曹操废除三公，恢复丞相之职，而且自任的目的是要将朝政完全控制在自己的手中，而御史大夫一职不过是形同虚设。从此以后，魏晋南北朝时期每设丞相或相国时，大抵都是权臣自命或皇帝不得已而任命的，成了权臣篡位的一种过渡和信号。曹操任命冀州别驾从事崔琰为丞相西曹掾，司空东曹掾毛玠为丞相东曹掾，元城令司马朗为主簿，冀州主簿卢毓为法曹议令史，并经崔琰推荐征召司马懿为文学掾，组成了丞相府的工作班底。

建安十五年（公元210年），汉献帝封曹操邑兼四县，食户三万。曹操让还封邑三县，只食武平万户。次年正月，汉献帝从曹操让还的三县二万户中减户五千，用其余的一万五千户封曹植、曹据和曹豹，食邑各五千户。同时，任命曹丕为五官中郎将，置官属，为丞相副。显然，这一切都是根据曹操的旨意办理的，是曹操为巩固自己权力所采取的必要的步骤。

建安十七年（公元212年），曹操打败马超后回到邺城，汉献帝下诏给予曹操朝拜时司仪唱礼不直呼其姓名、上朝时不必像其他大臣一样小步快走，同时可以带剑穿鞋的特殊礼遇，就像当年萧何所得到的礼遇一样。不久，又决定从河内郡划如荡阴、朝歌、林虑三县，从东郡划出卫国、顿丘、东武阳、发干四县，从钜鹿郡划出廮陶、曲周、南和、广平、任县五县，从赵国划出襄国、邯郸、易阳三县，来扩充邺城所在的魏郡，从而大大增强了魏郡的实力。同年九月，根据曹操的旨意，汉献帝立皇子刘熙为济阴王，刘懿为山阳王，刘邈为济北王，刘敦为东海王。表面看来这是维护王室利益的一个举措，实际上这是曹操自己想要当王的一种暗示或准备。因为差不多与此同时，董昭秉承曹操旨意，提出了曹操应进爵为国公、赐给九锡以表彰其特殊功勋的动议。但在秘密征求荀彧的意见时，遭到了荀彧的反对，此事只得暂时搁浅。

建安十八年（公元213年）正月，汉献帝下诏把十四州合并为九州。十四州，指司、豫、冀、兖、徐、青、荆、扬、益、凉、雍、并、幽、交十四州。合并为九州，即省掉幽、并二州而将其郡国并入冀州，省掉司、凉二州而将其郡国并入雍州，省掉交州并入荆、益二州，而成为兖、豫、青、徐、荆、扬、冀、益、雍九州。这一改革，特别扩大了冀州，而曹操自任冀州牧，这就大大增强了曹操集团的实力。

这年五月，汉献帝派御史大夫郗虑持节以冀州的河东、河内、魏郡、赵国、中山、常山、钜鹿、安平、甘陵、平原十郡策封曹操为魏公，仍以丞相兼任冀州牧不变，并加九锡，魏国设置丞相以下群卿百僚，全照汉初封王的制度办理。所谓九锡，是帝王为表示对大臣的特别尊宠而赐予的九种器物，西汉末年王莽在建立新朝前曾先加九锡，魏晋南北朝时期，加九锡往往成为禅让前的一个步骤。曹操所接受的九锡，据汉献帝诏书，是车马、礼服、乐舞、朱户（门可涂成红色）、纳陛（台阶修在檐下使不露天）、虎贲（武士）三百人、红色弓矢、鈇钺（斧和大斧，表示有征伐杀戮之权）和秬鬯（祭祀用的美酒）。进封为公，接受九锡，这本是曹操求之不得的

事情；这时荀彧已死，也不可能再有人出来加以阻挠；但曹
操还是依例行事，连上了《让九锡表》《辞九锡令》等三道表
文，表示谦让不受。其中《辞九锡令》中写道：

> 夫受九锡，广开土宇，周公其人也。汉之异姓八王者，
> 与高祖俱起布衣，创定王业，其功至大，吾何可比之？①

"汉之异姓八王"，指汉初刘邦所封的刘姓以外的八王，
即韩王信、梁王彭越、齐王韩信、长沙王吴芮、淮南王英布、
燕王臧荼、越王敖和燕王卢绾。他们中的不少人同刘邦一样
出身低微，所以说"俱起布衣"。因汉献帝诏书中要求魏国制
度按汉初封王的制度办理，所以曹操自谦说"吾何可比之？"
曹操谦让之后，荀攸、钟繇、凉茂、毛玠、刘勋、刘若、夏
侯惇、王忠、刘展、鲜于辅、程昱、贾诩、董昭、薛洪、董
蒙、王粲、傅巽、王选、袁涣、王朗、张承、任藩、杜袭、
曹洪、韩浩、曹仁、王图、万潜、谢奂、袁霸等人又依例劝
进，于是曹操表示让步，接受策命，但封地只接受魏郡一郡。
荀攸等人依例再次劝进，曹操这才完全接受策命，上表表示
称谢。

这年七月，曹操在邺城建立了魏国的社稷（帝王祭祀土
神、谷神的场所）宗庙，让王粲改创《俞儿舞歌》四篇，于

---

① （三国）曹操著：《曹操集》，第44页。

朝会宴飨时使用。按照曹操的旨意，汉献帝聘娶了曹操的三个女儿曹宪、曹节和曹华，名分是仅次于皇后的贵人。一年后，曹节晋升为皇后，曹操从而把汉献帝更为直接地控制了起来。

这年十月，曹操将魏郡分为东西两部，分别设置都尉治理。自从河内，东郡、钜鹿、赵国划出十五县扩充魏郡后，魏郡辖区广大，采取这一措施，目的在于加强对魏郡的控制。

这年十一月，魏国开始设置尚书、侍中和六卿，以荀攸为尚书令，凉茂为仆射，毛玠、崔琰、常林、徐奕、何夔为尚书，王粲、杜袭、卫觊、和洽为侍中，钟繇为大理，王修为大司农，袁涣为郎中令，行御史大夫事，陈群为御史中丞。这样，魏国有了一套完整的政权行政机构，进一步确定了汉献帝的傀儡地位，汉帝国更加有名无实了。

建安十九年（公元 214 年）正月，曹操首次举行了耕种籍田的仪式。所谓籍田，是古代天子和诸侯征用民力所耕种的田。

每年春天，天子、诸侯依例到籍田上执耒耜三推或一拨，称为“籍礼”，表示带头耕田。董卓之乱以来，“籍礼”久已不行，曹操此时耕种籍田，不仅是为了表明自己对农事的重视，更重要的是为了表明魏国的建立标志着封建秩序的恢复，有其政治上的深刻用意。

三月，汉献帝把曹操的地位提高到诸侯王之上，改授给他只有诸王才有资格佩用的金质印玺、红色印绶和名叫远游冠的帽子。曹操名分上虽还不是王，但是实际上已经享受王的待遇了。

十二月，献帝又诏命曹操设置旄头，在宫殿中摆设钟虡（悬挂钟磬的木架）。所谓旄头，是从禁卫军中挑选出来的一种骑士，皇帝出行时，披散头发在前开路。东汉光武帝曾赐给东海王刘强虎贲、旄头和钟虡之乐，是一种对诸王表示荣宠的做法。曹操接受九锡时已有虎贲三百人，此时又接受了旄头和钟虡，光武帝给予东海王的荣宠，他也完全具备了。

建安二十年（公元215年）九月，汉献帝授予曹操分封诸侯、任命太守和国相的权力。十月，曹操开始设置名号侯（共十八级）到五大夫（共十五级）的爵位，与旧封的列侯、关外侯（共十六级）共六等，作为对有军功者的赏赐。

建安二十一年（公元216年）五月，汉献帝进封曹操为魏王，曹操依例上书辞让了三次，汉献帝依例三次下诏不许，最后又手诏规劝曹操"勿复固辞"，曹操这才心安理得地接受了下来。曹操仍以丞相兼任冀州牧不变，可见他既很重视名位，更重视手中的实际权力。同时，汉献帝又命曹操的女儿为公主，并赐给他们汤沐邑（收取租赋的私邑）。

曹操进位魏王，朝野震动，住在塞内的少数民族首领纷纷前来朝贺。五月，住在代郡的乌桓代理单于普富卢与其侯王前来朝贺。七月，匈奴南单于呼厨泉又率其名王前来朝贺。代郡乌桓曾经发生分裂，恃力骄恣，难以控制，曹操曾以丞相仓曹属裴潜为太守，前往治理，卓有成效。裴潜离任后，代郡乌桓又曾发生叛乱，曹操曾以其子曹彰为骁骑将军带兵前往征讨。这次普富卢及诸侯王前来朝贺，表明了他们的臣服之意，这对曹操的声威产生了有益的影响。匈奴久居塞内，与编户相同而不纳贡赋，不少人担心随着匈奴人口的增加以后会发生变乱，因此曹操趁呼厨泉前来朝贺的机会，将他留在邺城，而让右贤王去卑回去监理朝政。曹操待单于如列侯，子孙可以承袭封号，并将其部众分成五部，安置在并州各郡，各立其贵人为帅，同时选派汉人为司马加以监督，从而大大强化了对南匈奴的控制。

八月，曹操改称魏国丞相为相国，任命大理钟繇为相国，负责处理魏国的日常行政事务。

建安二十二年（公元 217 年）四月，汉献帝命曹操设置只有天子才可使用的旌旗，出入时像皇帝那样，左右严密警戒，断绝行人通行。五月，修建了诸侯的学宫泮宫。六月，以军师华歆为御史大夫。十月，汉献帝命曹操像天子那样头戴悬垂有十二根玉串的礼帽，乘坐特制的金银车，套六马，并设置五时副车。同时，以五官中郎将曹丕为魏国王太子。

就这样，曹操完成了夺取帝位和世袭权力的一切准备，在通向帝王的道路上，差不多已经走到了终点。曹操在实际上控制了朝廷的一切大权，使自己成为一个事实上的皇帝。至此，曹操唯一欠缺的，仅仅是一个皇帝的名号而已。[1]

---

[1]　参见张亚新著：《曹操大传》，第 479—486 页。

在通向帝王之位的道路上，曹操一一清除了来自方方面面的障碍，使自己逐渐具备了取代汉室、登基称帝的条件。但是，直到临死，曹操也没有代汉称帝，而是以周文王自许，这似乎是对他自己一生事业和名位所作的一个总结和评定，也许还隐含着他对未能实现国家统一事业而名正言顺称帝的一种遗憾。总之，他是明智的。

结　语　魏武帝治国论

　　毛泽东生前多次评说曹操。1954 年夏，毛泽东在北戴河吟诵曹操《观沧海》一诗时，对身边工作人员说："曹操是了不起的政治家、军事家，也是个了不起的诗人。""曹操统一中国北方，创立魏国。那时黄河流域是全国的中心地区。他改革了东汉的许多恶政，抑制豪强，发展生产，实行屯田制，还督促开荒，推行法制，提倡节俭，使遭受大破坏的社会开始稳定、恢复、发展。这些难道不该肯定？难道不是了不起？说曹操是白脸奸臣，书上这么写，戏里这么演，老百姓这么说，那是封建正统观念制造的冤案，还有那些反动士族，他们是封建文化的垄断者，他们写东西就是维持封建正统。这个案要翻。"[①]

---

　　①　转引自周溯源编著：《毛泽东评点古今人物》，上海人民出版社 2012 年版，第 114 页。

一、海纳百川，唯才是举

东汉末年，天下大乱，豪杰蜂起，曹操集团能在群雄并起的政治格局中脱颖而出，成为东汉末年最为强大的政治力量，与曹操十分重视任用人才以及在选人用人上的高人一筹有着直接的关系。

俗话说，能用人、会用人、善用人者，可以无敌于天下。

争天下必先争人。

在"知人善任"方面，曹操别拘一格，"实后世之所难及。"① 曹操起兵时，只有本家族的几个兄弟和子侄作骨干，七拼八凑，不足四千兵马，但他求贤若渴，从一兵一卒抓起，从一官一吏用起，用他的政治感召力与强大的人格魅力，在短短的数年内，让贤才奇士争奔归附，造就了谋士如云，战将如林的一个庞大的政治军事集团。依靠这样一支力量，曹操屡胜对手，芟荑群雄，"克成洪业"，实现了大半个中国版图的统一与安定。

曹操聚贤纳才的政策措施主要集中在五个方面：第一，征辟。征，是征聘地方名位较高、品学兼优的社会名流；辟，是择优选拔中下级官吏。征辟是两汉选拔人才的一种途径。第二，投效。东汉末年天下大乱，有才能的人都想找一个强有

---

① （宋）洪迈著：《荣斋随笔》卷12，《曹操用人》，中华书局 2005 年版，第157 页。

力的主人作为依托。曹操倚重的五大谋士荀彧、荀攸、郭嘉、
程昱、贾诩等人，都是以这种方式加入曹操集团的。第三，推
荐。荀彧等人为曹操推荐了一大批人才，如钟繇、陈群、郗
虑、华歆、王郎、荀悦、杜畿、杜袭、辛毗、赵俨等，或为卿
相，或为地方大吏，有数十人。第四，纳降。曹操每征服一个
异己势力，都大量录用对方的人才，如陈琳、张郃、王修、管
统、张辽、徐晃、庞德等。第五，强征。曹操初辟司马懿，
司马懿不就征，使者往返多次。曹操对使者说："司马懿三请
不来，就把他抓起来。"司马懿害怕了，于是接受曹操的委
任。曹操征阮瑀，阮瑀逃入山中，曹操派人放火烧山，终于
得到了阮瑀。上述五种手法，以征辟、投效、推荐三者为主
要形式。曹操对于纳入自己麾下的人才，都量其才用，一视
同仁，委以重任。

　　赤壁战后，随着曹操统治地区的进一步扩大，随着他的政
治地位的进一步显赫，为了发展统治区的政治、经济、文化，
更好地治理国家，进而统一全国，曹操凭借手中的权力，公开
树起了"惟才是举""得而用之"①的旗帜，先后下了三次求贤
令（公元 210 年春颁布的《求贤令》；公元 214 年十二月颁布
的《敕有司取士勿废偏短令》；公元 217 年八月颁布的《举贤
勿拘品行令》），进一步选用和提拔人才。

---

① （三国）曹操著：《曹操集》，第 41 页。

曹操"唯才是举"的基本精神是，不讲门第，不拘品行，广开进贤之路，广纳天下英才。只要有才能，即使在德行方面有某些缺欠，也要加以任用，这种以才能为主要标准的选官方针，对汉代传统的以德见长的选官方针是一个不小的冲击，具有开创性的意义。

曹操选人纳才胸怀宽广，容才气度恢弘超越前人，直追汉高帝刘邦。在容才纳才方面，曹操不仅政治抱负宏大，在用人上更是气度非凡。当时，曹操最想争取过来的是刘备和孙权这两个枭雄。他认为刘备是一个可与自己打天下，也可与自己争天下的屈指可数的英雄人物，因此对刘备十分敬重。两人相处时曾"出则同舆，坐则同席"，对刘备极尽恩宠笼络。但刘备不甘在曹操之下，时刻准备自起家业。刘备在许都时，曹操的谋士程昱、郭嘉等人，几次提醒曹操趁机杀掉刘备。程昱讲："我看刘备很有才能，又很受人们拥戴，最终不会甘心居人之下，不如早点除掉他。"曹操却认为："方今收英雄时也，杀一人而失天下心，不可。"孙权是三国时期的后生才俊，尽管比曹操晚生二十七年，但仍是必用之而后快。赤壁大战后，曹操采取过多种措施，想把孙权团结过来。让阮瑀代他起草的《与孙权书》，完全是站在平等立场上讲话，从"百姓保安全之福"、孙权也可为天下一统做出更大贡献的高度，劝导孙权与他合作。孙权经过得失利弊的综合考量，也做出了称臣的表示。如果不是曹操突然死去，三国历史也很可能会因为曹孙两人联手而呈现出另一种迥然不同的局面。

在人尽其才、才尽其用方面，曹操同样也是不让古人。春秋时期的政治家晏子曾提醒齐景公认真注意"三不祥"："有贤而不知，一不祥；知而不用，二不祥；用而不任，三不祥也。"要避免"三不祥"，就必须做到知人善任。曹操深悟其中的道理。他"仁者用其仁，智者用其智"。打徐州，荀彧有完整的思路，就让他做军师；征辽东，郭嘉有极具创意的策划，就带他随军出征。战将中有的性如烈火，视死如归（如典韦、庞德等），每有大战恶斗，总是派他们披坚执锐，冲锋陷阵；有的智勇双全，文武兼备（如曹仁、张郃等），平时把他们放在重要岗位，遇有战事，放手让他们统率军队，独当一面。任何人都不是十全十美的，有优点也有缺点。如果一个领导者不看大局，要求人皆完人，结果只能是有的人认为自我不可能得全，而主动退出，有的人即使被录用，也难以被委以重任。更为严重的是，一些投机取巧、言虚行伪之人，还会因此乘机而入，窃取高位。正因为懂得其中的奥妙，曹操才敢于打破当时比较流行的用人倚重品行和身世的陈规，不废偏短，不轻微贱，容忍他人的矫情任性，不计旧日恩怨，用其所长，尽其所能。

二、推行屯田，发展经济

宋人洪迈说："当天下乱离，诸军乏食，（曹操）则以枣祗、任峻建立屯田，而军国饶裕，遂芟群雄。"① 事实也正是这样。东汉末年，战乱频仍，军阀混战极大地破坏了社会经济。当时，生产凋敝，土地荒芜，人口锐减，"白骨露于野，千里无鸡鸣"②，到处是一片满目疮痍的荒凉景象。原来生产发达的中原地区，粮食极度匮乏。

面临着残酷的现实，曹操在借鉴历史经验的基础上，建安元年（公元 196 年），他在《置屯田令》中提出了"夫定国之术，在于强兵足食。秦人以急农兼天下，孝武以屯田定西域，此先代之良式也"③的发展农业生产政策的新主张，并且发布《置屯田令》，开始推行屯田制度。

在发布屯田令的同时，曹操任命枣祗为屯田都尉，任峻为典农中郎将，负责经营管理屯田事宜。屯田生产是国家政府直接经营管理的，要具备两个重要条件。一是国家要有直接控制的土地，不能占用私人土地；二是要有可以利用的劳动力，不能专靠强制拉人。

就前者来说，连年战乱，地主和农民死亡流散，大量土

① （宋）洪迈著：《容斋随笔》，卷 12，《曹操用人》，第 157 页。
② （三国）曹操著：《曹操集》，中华书局 1975 年版，第 4 页。
③ （三国）曹操著：《曹操集》，中华书局 1975 年版，第 30 页。

地荒芜，无人经营，使国家直接掌握了不少已开垦的土地。此时曹操已经控制了兖、豫二州，环境也基本稳定，又掌握了军政大权，完全可以利用其中的无主荒地；就后者来说，曹操先后镇压招抚了青州、颍川和汝南的黄巾军，他们的好多家属都是有农业生产经验的劳动力，有些还拥有耕牛、农具，可以组织起来进行屯田生产。还可以招募一些流亡生活没有着落的农民为劳动力。这在当时来说，都是可行的。

屯田制定下来后，枣祗、任峻等人便把这些劳动力同国家控制的土地结合起来，用军事组织形式加以编制，进行屯田生产。屯田的基层组织称为屯，由屯田司马管理。生产者称屯田民或屯田客。屯田组织不统属于郡县，而是自成为一个系统。屯田都尉（或称典农都尉）官位相当于县令，典农中郎将官位相当于郡太守，直接隶属于中央的司空府，由司空掾属掌管。后来，归丞相府的掾属管理。大司农官恢复后，由大司农全权负责。

屯田制首先在许都地区推行，很快就有了效果。

屯田客是直接受国家地租管理的佃客。如何对佃客收租？曹操集团开始时存在意见分歧。不少人主张采用"计牛输谷"，即按使用国家耕牛的多少，向国家缴纳定额租，曹操也表示同意。但枣祗经过仔细思考后，觉得这个不管收成好坏定额收租的办法不合适。他认为按这个办法，收成好的年份，国家只能按规定的定额收租，增加不了收入，而收成坏的年份，国家还不能不减免农民的负担，这样不尽合理，而且影响了国家的收入。他去向曹操讲明情况，建议采用"分田之术"，就是根据每年的实际收成，按一定的比例交纳租谷，丰收时多交纳，歉收时少交纳。最终，曹操觉得枣祗的分成收租办法合理，且能增加国家收入，便采纳了枣祗的意见。

按照分成收租办法，屯田客用官牛耕种的，要将收成的百分之六十交给国家，自己得百分之四十；用自己的牛耕种的，收成各得百分之五十。这个租税比例是很高的，同汉代佃户向地主交纳对半左右的地租负担相似。但是，屯田农民不负担兵役和徭役，比汉代佃户的总负担要轻些，这对于当时饱受战乱、生计没有着落的屯田农民而言，无疑是有积极意义的。

这种由屯田民进行生产交租的屯田称之为民屯。

屯田制推行后，迅速出现成效，"军国之饶，起于枣祗而成于峻。"① 曹操用枣祗之策建置屯田，以任峻为典农中郎将，督领屯田事。任峻按照曹操的意旨和枣祗的办法。于各州郡例置田官，数年中所在积粟，仓廪皆满。在许下屯田的第一年，就取得了得谷百万斛的好收成，曹操非常高兴，又下令将屯田在自己的控制区内加以推广，只用四五年的时间，就使粮食的产量大增，有屯田的地方，粮食都装满了仓廪。屯田的成就，除了解除了粮荒，还极大地支援了曹操消灭群

---

① （晋）陈寿撰：《三国志·魏书·任峻传》，卷16，第489页。

雄统一北方的战争。

随着曹操统治地区的不断扩大，屯田地区也不断增多。曹操时期民屯的主要地区有颍川郡、安丰郡、弘农郡、沛国、东海郡、淮南郡、庐江郡、上党郡、扶风郡。

除民屯外，还建立有军屯。就是由士兵参加生产，建立战时作战，平时务农的体制。不过军屯在曹操时期尚不普及。

比较而言，汉武帝实行的屯田，是军屯，只是在西北边疆地区，因为当时军事行动主要在西北地区，是出于对匈奴战争的需要，屯田生产者主要是承担戍守任务的士卒，生产的粮食全部上交国家，由国家发给口粮和衣物。曹操实行的屯田，主要是民屯，实行的地区在中原，因为当时的军事行动主要在中原地区，是出于兼并战争的需要，主要生产者是贫困无地的农民。生产的粮食与国家按比例分成，国家不发给口粮和衣物。由此可见，曹操虽然效法了汉武帝的屯田，但明显有了创新和发展。

曹魏屯田制的推行，将劳动力与土地结合起来，使许多贫困农民和流民重归土地，解决他们一些生计问题，对恢复和发展生产起了积极作用，并有力地支援了曹操对其他武装势力的兼并战争。

三、抓政治根本，挟天子以令诸侯

东汉末期，黄巾起义爆发以后，各地豪强纷纷打着镇压农民起义的招牌招兵买马，趁机壮大自己的势力。中原地区是农民起义军活动的主要场所，黄河南北也就成了各个豪强势力角逐的战场。在这种形势下，曹操也趁势起兵，加入镇压农民起义的行列之中。汉灵帝光和七年（公元 184 年）曹操官拜"骑都尉"，奉命"讨颍川贼"①，从此开始了他逐鹿中原的政治生涯。当时镇压颍川黄巾军的主帅是皇甫嵩和朱儁，拥兵四万余众的皇甫嵩等人被黄巾军击败后据守长社（治所在今长葛市东北），待曹操将兵至，才获得解围。颍川黄巾军的失败，使曹操获得了政治资本，官职升为济南相，管辖十余县，后又升为东郡（治所在今濮阳南）太守。数年之后，曹操应征入朝，官拜典军校尉，具有了一定的势力和政治影响力。

在镇压黄巾起义的过程中，地方割据势力蜂起，相互之间不断进行着争夺地盘的战争。东汉王朝对全国的统治虽然名存实亡，但皇帝作为最高统治者，对全国各地军阀势力还具有相当大的影响力，各大诸侯之间奉迎皇帝以获得政治优势的角逐随之开始。公元 189 年，董卓带兵进入洛阳，废少

---

① （晋）陈寿撰：《三国志·魏书·武帝纪》，卷 1，第 3 页。

帝刘辩为弘农王，立陈留王刘协为皇帝，以丞相的身份专权跋扈，把京都搞得大乱。曹操不愿与董卓合作，至陈留，散家财，合义兵，以诛董卓。曹操起兵后，与各地拥有军事实力的州郡官僚联合攻打洛阳，董卓挟汉献帝迁都长安，中原地区和关中地区的军阀割据势力为了争夺地盘，再度陷于混战之中。初平三年（192 年），曹操由东郡太守自领兖州牧，十二月，在济北镇压了进入兖州的青州黄巾军后，受降卒三十余万，男女百余万口，收其精锐者，号为青州兵，从此拥有了相当强大的军事力量。曹操在控制了兖州以后，于建安元年（196 年）二月击败并收复了依附于袁术的汝南、颍川黄巾军，占据了兖、豫二州之地，驻兵于许县（治所在今许昌市东），开始实施他逐鹿中原的政治、军事、经济、文化措施。

从当时的局势来看，曹操虽然占据了兖、豫二州，却处于豪强势力的包围之中。袁绍占据河北，拥有冀、青、幽、并四州之地，刘备、吕布占据徐州，袁术据有淮南，刘表控制了荆襄九郡，韩遂、马超陈兵关中，张绣近在南阳。这些势力都很强大，均拥有与曹操争夺黄、淮之地的实力。如何在军阀混战中保有既得利益并最终消灭对手，这是曹操集团需要解决的最重要的问题。曹操自领兖州牧之时，毛玠就曾向他建议："今天下分崩，国主迁移，生民废业，饥馑流亡，公家无经岁之储，百姓无安固之志，难以持久。今袁绍、刘表，虽士民众强，皆无经远之虑，未有树基建本者也。夫兵义者胜，守位以财，宜奉天子以令不臣，修耕植，畜军资，如此则霸王之业可成也。"① 由于当时曹操尚不具备挟持天子以令诸侯的条件，只能将毛玠之言记纳于心。曹操占据许县等地以后，采取屯田制发展生产，逐渐兵精粮足，拥有了挟天子以令诸侯的实力，便将挟汉献帝迁都许县之事提上了议事的日程。

事实上，在东汉末年，挟天子以令诸侯是从董卓开始的，并非曹操政治集团的首创。当初，董卓拥立汉献帝却成为众矢之的，遭到各地豪强势力的联合讨伐而逃亡关中，被司徒王允、尚书仆射士孙瑞、卓将吕布共谋杀掉，董卓成为三国时期挟天子以令诸侯的第一个牺牲品。不久，王允被杀，吕布在与关中军阀的斗争中失败，丢下汉献帝逃到徐州。李傕、郭汜挟持汉献帝以后，也没有得到多少利益，反而把关中搞得狼藉不堪。之后，汉献帝在关中诸将的控制下四处漂泊，流落到已经因战火而变得残破不堪的洛阳。由于这些事实的存在，大多数军阀并没有看到汉献帝的价值，反而将汉献帝看作一种包袱，对他的去留并不看重。所以，能否利用汉献帝作为争夺政权的筹码，取决于各政治集团自身的能力、见识的高度和军事、经济、文化的综合力量。

在奉迎汉献帝的问题上，能够与曹操竞争的首推袁绍。

_____

① 　（晋）陈寿撰：《三国志·魏书·毛玠传》，卷 12，第 374—375 页。

袁绍出身于四世三公的名门望族，占据了以邺城为中心的河北四州之地，地广人多，实力雄厚。沮授曾向袁绍献策："将军弱冠登朝，则播名海内；值废立之际，则忠义奋发；单骑出奔，则董卓怀怖；济河而北，则勃海稽首。振一郡之卒，撮冀州之众，威震河朔，名重天下。虽黄巾猾乱，黑山跋扈，举军东向，则青州可定；还讨黑山，则张燕可灭；回众北首，则公孙必丧；震胁戎狄，则匈奴必从。横大河之北，合四州之地，收英雄之才，拥百万之众，迎大驾于西京，复宗庙于洛邑，号令天下，以讨未复，以此争锋，谁能敌之？比及数年，此功不难。"① 但是，郭图、淳于琼认为："汉室陵迟，为日久矣，今欲兴之，不亦难乎！且今英雄据有州郡，众动万计，所谓秦失其鹿，先得者王。若迎天子以自近，动辄表闻，从之则权轻，违之则拒命，非计之善者也。"② 最终，袁绍采纳了郭图、淳于琼的建议，错失了奉迎汉献帝的大好良机。

相比较于袁绍而言，曹操在这个问题上就很具有政治家的战略眼光。曹操为了达到挟天子以令诸侯的目的，亲自到洛阳朝见汉献帝，借以标榜他对汉室的忠诚，并且排除困难，将汉献帝挟移到了许县自己的老巢，取得了挟天子以令诸侯的优势。曹操挟汉献帝迁都于许之后，很快被封为丞相，成为东汉王朝末年政权的实际掌控者，对其势力的发展产生了

---

① （晋）陈寿撰：《三国志·魏书·袁绍传》，卷6，第192页。
② （晋）陈寿撰：《三国志·魏书·袁绍传》注引《献帝传》，卷6，第195页。

多方面的、巨大的影响。

　　大量历史事实说明，曹操奉迎汉献帝，从中获得了极大的政治利益，这是他在政治上迅速发展的重要环节和转折点。在争夺人才方面，曹操获得了比其他政治集团更大的优势。挟汉献帝迁都于许县，使曹操成了维护汉朝正统地位的政治代表，赢得了天下名士的拥戴，纷纷相继归附于他。在军事方面，以天子的名义讨伐不臣之人，成为他威慑与对付对手的重要法宝。正如时人所言："汉德虽衰，天命未改，今曹公挟天子以令天下，虽敌百万之众可也。"① 未出茅庐的诸葛亮在《隆中对》中也不得不承认："今操已拥百万之众，挟天子而令诸侯，此诚不可与争锋"②，劝说刘备向荆、益二州发展而暂避曹操的锋芒，待时机成熟后再图北伐。

四、结　论

　　从东汉末年天下战乱至隋朝统一，期间大约有四百年。这期间，在中国历史上最优秀的政治人物当然要数曹操了。曹操挟汉献帝迁都许县，在政治上取得"挟天子以令诸侯"的绝对优越地位；在经济上实行"屯田制"发展农业生产；在

---

① （晋）陈寿撰：《三国志·魏书·张承传》，卷11，第337页。
② （晋）陈寿撰：《三国志·蜀书·诸葛亮传》，卷35，第913页。

用人上，"唯才是举"，全方位地发掘与重用具有富国强兵之能的人才；在文化上开创建安文学新时代。曹操杰出的政治智慧，对他芟荑群雄、消灭北方割据势力，加强中央集权，加速国家统一进程，均起到了巨大的推动作用。

附　录

一、主要参考书目

《史记》，（西汉）司马迁著，中华书局 1982 年版。

《汉书》，（东汉）班固著，中华书局 1962 年版。

《后汉书》，（南朝宋）范晔著，中华书局 2003 年版。

《三国志》，（晋）陈寿著，（南朝宋）裴松之注，中华书局 1987 年版。

《晋书》，（唐）房玄龄等著，中华书局 1974 年版。

《资治通鉴》，（宋）司马光著，中华书局 1956 年版。

《三国志集解》，卢弼著，中华书局 1982 年版。

《三国纪年》，（宋）陈亮撰，中华书局 1985 年版。

《三国史话》，柳春藩著，北京出版社 1981 年版。

《三国职官表》，（清）洪饴孙撰，中华书局 1985 年版。

《三国会要》，（清）钱仪吉著，上海古籍出版社 1991 年版。

《曹操集》，中华书局 1975 年版。

《曹操集注》，夏传才著，中州古籍出版社 1986 年版。

《三曹诗选》，余冠英选注，人民文学出版社 1985 年版。

《三曹年谱》，张可礼编著，齐鲁书社 1983 年版。

《文选》，（梁）萧统编，（唐）李善注，中华书局 1977年版。

《三国人物评传》，谭良啸、张大可主编，三秦出版社1987 年版。

《曹操传》，张作耀著，人民出版社 2015 年版。

《魏武帝大传》，柳春藩著，中华书局 2016 年版。

《二十五史》（简体标点本），中国文史出版社 2002 年版。

二、曹操行政大事记

汉灵帝中平元年（184）　30 岁

二月，黄巾大起义爆发。

三月，朝廷大赦党人。曹操被任为骑都尉，率兵与皇甫嵩、朱儁一起镇压颍川黄巾军。

七月，击败颍川黄巾军。

十一月，黄巾起义军主力被击败，转为分散活动。

曹操升任济南相。

中平五年（188）　34 岁

六月，冀州刺史王芬等谋废灵帝，约结曹操，曹操拒之。

八月，朝廷初置西园八校尉，曹操被任为典军校尉。

中平六年（189）　35 岁

四月，灵帝卒。皇子辩即皇帝位。何太后临朝听政。其弟大将军何进谋诛宦官，杀蹇硕，信用袁绍、袁术，并召董卓带兵入京。曹操反对召董卓入京。

八月，宦官张让、段珪等杀何进。袁绍、袁术尽诛宦官。董卓入京，袁绍东奔冀州。

九月，董卓废刘辩为弘农王，立陈留王刘协为帝（献帝）。董卓专擅朝政，表荐曹操为骁骑校尉，曹操逃离洛阳东归。

十二月，曹操在陈留己吾起兵讨董卓。

献帝初平元年（190）　36 岁

正月，关东州郡起兵讨董卓，推袁绍为盟主。曹操行奋武将军。

二月，董卓胁献帝迁都长安，焚烧洛阳。袁绍等畏董卓兵强，不敢先进，曹操独引兵与董卓军战于荥阳汴水，大败。曹操到扬州募兵，还，进驻河内。

袁绍与韩馥谋立幽州牧刘虞为帝，约结曹操，曹操拒之。

初平二年（191）　37 岁

二月，孙坚击败董卓军，进至洛阳。

七月，袁绍胁迫韩馥让冀州，自领冀州牧。黑山军白绕、于毒等部攻魏郡、东郡，曹操入东郡击破白绕部。袁绍表荐曹操为东郡太守。荀彧离开袁绍投奔曹操。

初平三年（192）　38岁

春，曹操击败黑山军于毒、眭固和南侵的匈奴贵族于夫罗。

四月，司徒王允与吕布杀董卓。青州黄巾军入兖州，杀刺史刘岱。曹操领兖州牧。曹操击黄巾于寿张。

六月，董卓部将李傕、郭汜杀王允，吕布东奔。

十二月，曹操追黄巾至济北，降黄巾军三十余万，编其精锐为青州兵。

初平四年（193）　39岁

春，曹操击败袁术，袁术南下杀扬州刺史，据淮南。

夏，曹操还军定陶。曹操父亲曹嵩被陶谦部将杀死。

秋，曹操东击陶谦，连下十余城。

兴平元年（194）　40岁

夏，曹操复攻陶谦，至东海。还，击刘备于郯东。三辅大旱，人相食。

八月，张邈、陈宫叛曹操迎吕布。曹操自徐州还，与吕布战于濮阳，失利。

九月，曹操还鄄城。袁绍欲连曹操，曹操拒之。

十二月，陶谦卒，刘备代领徐州牧。刘焉卒，刘璋为益州牧。

兴平二年（195）　41 岁

夏，曹操大破吕布，吕布奔刘备。李傕与郭汜相攻数月。献帝离长安东归。

十月，献帝任命曹操为兖州牧。

十二月，曹操攻克雍丘，夷张邈三族，兖州平。

建安元年（196）　42 岁

二月，曹操镇压汝南、颍川黄巾军。献帝任命曹操为建德将军。

六月，曹操升任镇东将军，袭父爵为费亭侯。刘备为吕布所袭，投奔曹操。曹操表荐刘备为豫州牧。

七月，献帝至洛阳。

八月，曹操至洛阳，献帝假曹操节钺，任曹操为司隶校尉，录尚书事。

九月，曹操奉献帝迁都许。献帝任曹操为大将军，封武平侯。

十月，曹操以大将军让袁绍。献帝任曹操为司空，行车骑将军。

曹操采纳枣祗、韩浩建议，始兴屯田。曹操以荀攸、郭嘉为军师、参谋。

建安二年（197）　43 岁

正月，曹操击张绣，败。复击之，张绣奔穰，与刘表合。袁术称帝于寿春。

九月，曹操东征袁术，袁术败走。

十一月，曹操再次南征张绣。

建安三年（198）　44岁

三月，曹操三征张绣，围穰。五月，刘表遣兵救张绣。曹操于安众大捷，破张绣、刘表联军。

九月，曹操东征吕布，十月，克彭城，围下邳，十二月，擒杀吕布、陈宫。

周瑜、鲁肃渡江依服孙策。孙策占据江东。

建安四年（199）　45岁

三月，袁绍灭公孙瓒，据有四州。

四月，曹操派曹仁攻杀眭固。董承与刘备谋诛曹操，曹操遣刘备东击袁术，刘备背叛曹操，与袁绍连兵。

六月，袁术卒于寿春。

七月，袁绍将攻许。八月，曹操进军黎阳，九月，还许，分兵守官渡。

十一月，张绣到许都降曹操。

建安五年（200）　46岁

正月，董承谋泄，为曹操所杀。曹操东击刘备，刘备投奔袁绍。

二月，袁绍进军黎阳，遣其将颜良攻白马。

四月，曹操斩颜良，解白马之围。退至河南，至延津，斩文丑。

还军官渡，与袁军对峙。

孙策卒，弟孙权袭其业。

八月，曹操与袁绍在官渡相持。

十月，曹操夜袭乌巢，在官渡大败袁绍军。

建安六年（201）　47 岁

四月，曹操击破袁绍仓亭军。

九月，曹操至汝南击刘备，刘备投奔刘表。

建安七年（202）48 岁

正月，曹操驻军谯县。至浚仪，疏通睢阳渠。复进军官渡。

五月，袁绍卒。少子袁尚继位。

建安八年（203）　49 岁

二月，曹操攻黎阳，大破袁谭、袁尚军，四月，追至邺城，五月回许都。

七月，曹操颁布《修学令》。

八月，曹操南征刘表，驻军西平。袁谭、袁尚内讧，袁谭败，求救于曹操，曹操引军北还，十月，至黎阳。

曹操下《论吏士行能令》。

建安九年（204）　50 岁

二月，曹操围邺城。五月，决漳河水灌邺。七月，袁尚还救邺，曹操大败之，袁尚奔中山。八月，曹操攻克邺城。

十月，高幹以并州降曹操。

十二月，曹操击袁谭，袁谭退守南皮。

曹操下《抑兼并令》，推行新的田租户调制。

建安十年（205）　51 岁

正月，曹操攻破南皮，杀袁谭，冀州平定。袁尚、袁熙奔乌桓。

四月，黑山军张燕率众 10 余万降曹操。

九月，曹操下《整齐风俗令》。

十月，曹操还邺，高幹以并州叛，曹操遣乐进等击之。

建安十一年（206）　52 岁

正月，曹操率军征高幹。三月，攻占壶关，高幹逃往荆州，为上洛都尉擒杀。并州平定。

曹操下《明罚令》。

八月，曹操东征管承，管承逃入海岛。

建安十二年（207）　53 岁

二月，曹操下《封功臣令》，封功臣二十余人。曹操上《请增封荀彧表》。

五月，曹操北征三郡乌桓。八月，大败乌桓。袁尚、袁熙逃往辽东。九月，为太守公孙康所杀。郭嘉卒。

刘备始用诸葛亮。

曹操遣使者赎回蔡文姬。

建安十三年（208）　54 岁

正月，曹操还邺。作玄武池训练水军。

六月，曹操罢三公官，置丞相、御史大夫。曹操自为丞相。

七月，曹操南征刘表。八月，刘表卒，子刘琮即位。九月，曹操至新野，刘琮投降。

十月，孙权与刘备结盟。十一月，曹操东下，与周瑜、刘备战于乌林赤壁，大败。曹操留曹仁、徐晃守江陵，乐进守襄阳，引军北还。

十二月，孙权率军围合肥。刘备占有荆州四郡。

建安十四年（209）　55岁

三月，曹操至谯，作轻舟，治水军。孙权自合肥退还。

七月，曹操驻军合肥，下《存恤吏士家室令》，设置扬州郡县官吏，在芍陂周围屯田。

十二月，庐江人陈兰、梅成反叛，曹操遣张辽击斩之。使张辽、乐进、李典等驻守合肥。

刘备为荆州牧。

建安十五年（210）　56岁

春，曹操下《求贤令》。

冬，曹操建铜雀台于邺。作《让县自明本志令》。

周瑜病卒。孙权以南郡借刘备。孙权势力发展到交州地区。

建安十六年（211）　57岁

正月，曹丕为五官中郎将，设置官署，为丞相的副手。

三月，关中马超、韩遂等十部拥兵十万反叛曹操，据潼关。

九月，曹操大破马超等，平定关中。

十二月，曹操留夏侯渊驻守长安。

刘备留关羽守荆州，自己进入益州，北上至葭萌。

建安十七年（212）　58岁

正月，曹操还邺。献帝命曹操赞拜不名，入朝不趋，剑履上殿。

十月，曹操南征孙权。荀彧自杀。

十二月，刘备进据涪城。

建安十八年（213）　59岁

正月，曹操进军濡须口，攻破孙权江西营。献帝诏合并14州为9州。

五月，献帝以冀州十郡封曹操为魏公，加九锡。十一月，魏国设置尚书、侍中、六卿。

建安十九年（214）　60岁

三月，诏曹操位在诸侯王上，改授金玺、赤绂、远游冠。夏侯渊击败马超，又击败韩遂与羌氏，占领兴国。

闰四月，孙权占领庐江。

五月，刘备占据益州，自任益州牧。马超投归刘备。

七月，曹操南征孙权。十月，自合肥还。荀攸卒。夏侯渊攻下枹罕，杀宋建，陇右平。

十一月，曹操废黜伏后，幽禁至死。

十二月，曹操至孟津。献帝命曹操置旄头，宫殿设钟虡。曹操下《敕有司取士毋废偏短令》。

建安二十年（215） 61岁

正月，献帝立曹操女儿曹节为皇后。

三月，曹操西征张鲁，进驻长安。

四月，自陈仓出散关至河池。

五月，击败氐王窦茂。韩遂被杀。孙权、刘备以湘水为界，平分荆州。

七月，曹操击败张鲁军，入南郑。

八月，孙权围合肥，被张辽等击败。

十一月，张鲁降曹操。刘备进据巴中。

十二月，曹操自南郑还，留夏侯渊驻守汉中。

建安二十一年（216） 62岁

五月，曹操晋爵为魏王。

七月，南匈奴单于来朝，曹操留南单于于邺，使右贤王代管其地。

十月，曹操亲自训练军队，东征孙权。

建安二十二年（217） 63岁

正月，曹操进军居巢。二月，攻濡须口，孙权败走。三月，曹操还军。

四月，献帝诏曹操设天子旌旗，出入警戒清道。

八月，曹操下《举贤勿拘品行令》。

十月，献帝命曹操冕用十二旒，备天子乘舆。曹操立曹丕为太子。

刘备进军汉中，遣张飞、马超、吴兰屯下辨，曹操遣曹洪拒之。

建安二十三年（218）　64岁

正月，少府耿纪、太医令吉本等起兵反曹，失败被杀。

三月，曹洪击破吴兰，张飞、马超逃往汉中。

七月，曹操西征刘备。九月，至长安。

十月，宛城守将侯音反，曹操使曹仁围宛。

建安二十四年（219）　65岁

正月，曹仁攻破宛城，斩侯音。夏侯渊在定军山战死。

三月，曹操率军由长安出斜谷，进军汉中。

五月，曹操放弃汉中。刘备占据房陵、上庸。

七月，刘备自称汉中王。曹操立夫人卞氏为王后。孙权进攻合肥。

八月，关羽围曹仁于樊城，曹操遣于禁援助曹仁，汉水溢，于禁降关羽。

九月，魏讽谋袭邺城，曹丕杀魏讽及其党羽。

秋，曹操杀杨修。

十月，曹操南征关羽。陆浑民暴动。曹操派使者策动孙权袭荆州。曹操驻军摩陂。

徐晃打败关羽。

十二月，孙权占据荆州。关羽被杀。吕蒙病卒。

建安二十五年（220）　66岁

正月，曹操还洛阳。二十三日，病卒。曹丕嗣位为丞相、魏王。

二月，曹操葬于高陵。

十月，汉献帝让位于曹丕，东汉亡。曹丕改元为魏黄初元年。

十一月，曹丕追尊曹操为武皇帝。